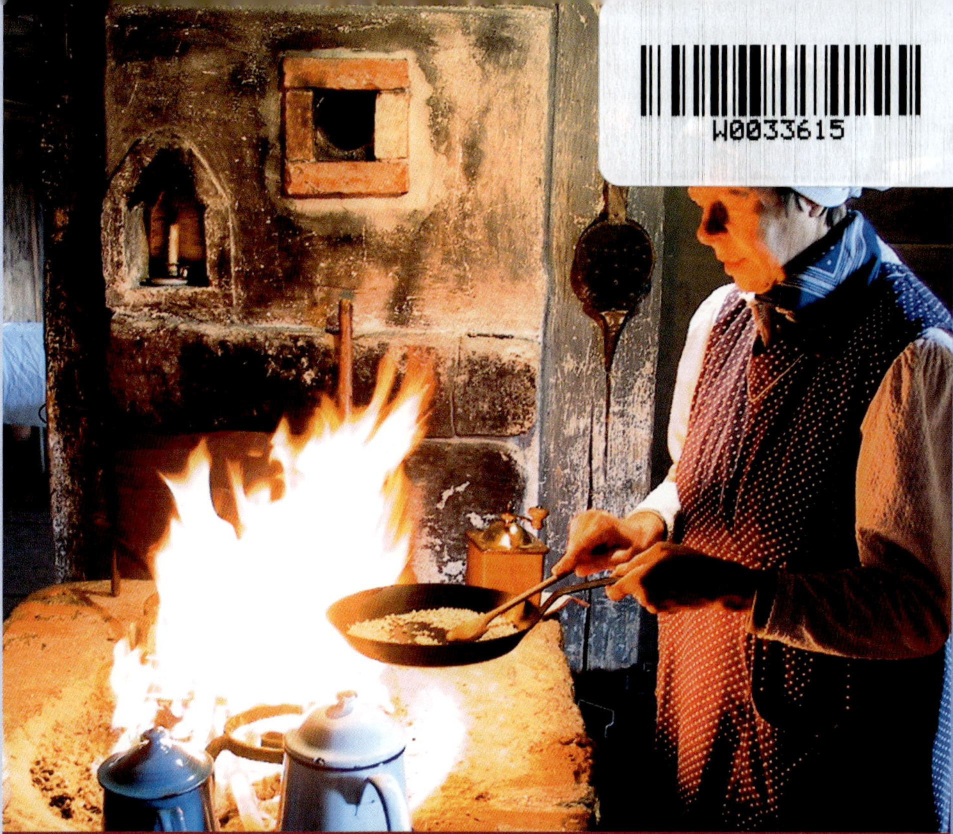

Essen und Trinken wie in alter Zeit

Herausgegeben von der
Arbeitsgemeinschaft der regionalen ländlichen Freilichtmuseen
in Baden-Württemberg

64 Farbfotos

Inhaltsverzeichnis

Rund um Küche und Kochen

Vom offenen Feuer zur blitzenden Einbauküche

Freilichtmuseum Neuhausen ob Eck

Dunkel, rauchig und nicht sehr gemütlich – so müssen die Höhlen unserer Vorfahren ausgesehen haben. Ein Lagerfeuer gab es zwar; es brannte an einem Fleck in einer Mulde, von ein paar Steinen geschützt und verströmte ebensoviel Qualm wie Wärme. Aber es war wichtig: Es hielt die grimmige Kälte draußen, garte die Speisen und hielt wilde Tiere ab. Mit anderen Worten: Wo Feuer war, war Wärme, Essen und Sicherheit. „Hier bin ich Mensch, hier darf ich sein", wird unser Ururgroßvater gebrummt und sich wohlig in seine Felle gekuschelt haben. Es sollte Jahrtausende dauern, bis sich das Feuer vom Boden löste, bis es eine gemauerte Herdstelle bekam und man sich zum Kochen nicht mehr unbequem auf den Boden kauern musste.

Architektur rund ums Feuer

Seit es Häuser gibt, bestimmt die Feuerstelle die Architektur maßgeblich mit. Gemauerte Feuerwände, Kamine, um den Qualm abzuleiten, die Anordnung der Zimmer rund um die „Warmzelle" – noch heute kann man die Bedeutung des Feuers an den Häusern ablesen. Und so prägte der Standort der Feuerstelle auch die baulichen Lebensumstände des Alltags. Das „Bärbele-Haus" aus Schömberg – es steht heute im Freilichtmuseum Neuhausen ob Eck – ist dafür ein gutes Beispiel: Die Küche, die vorgelagerte Wohnstube und die verbindende Feuerwand legen den Rauchabzug in der Hausmitte fest. Das Alltagsleben im Haus erhält so seinen Grundriss aus der Organisation des Heizens und Kochens, denn auch der Raum, der vom Kamin gewärmt wurde, war im Winter eine gemütliche Schlafkammer – gemütlicher jedenfalls als die anderen ungeheizten Kammern.

Gemauert' Herd ist Goldes wert

Die Herdstelle im südwestdeutschen Einhaus – dort wohnten Mensch und Vieh unter einem Dach – nahm spätestens seit dem Dreißigjährigen Krieg einen festen Platz im Gesamtgefüge der Hauskonstruktion ein. Wohnstube und Küche grenzten immer in der Feuerwand aneinander. Der Rauch des Stubenkachelofens wurde in die Küche und erst von dort aus durch

einen Schlot ins Freie abgeführt. Damit war, wer in der Küche arbeiten musste, dem Rauch aus zwei Feuerstellen ausgesetzt.

An zwei Herden im Freilichtmuseum Neuhausen ob Eck lässt sich der langsame Wandel des Lebens und Kochens in den Bauernhäusern unter den beschriebenen Bedingungen verfolgen.

Das Arbeiten in der Küche war für die Bäuerinnen früher eine dunkle und rauchige Angelegenheit.

Offenes Feuer am Herd

Das Bauernhaus aus Schömberg, das „Bärbele-Haus", ist ein typisches Einhaus, erbaut nach dem Stadtbrand 1750 (im Museum Mitte des 19. Jahrhunderts eingerichtet). Dort findet sich in der Küche ein aus Bruchsteinen gemauerter Herdblock. Er bietet dem offenen Feuer eine Fläche von 118 cm auf 90 cm bei einer Arbeitshöhe von 120 cm. Von dieser Konstruktion leitet sich der Name **Tischherd** ab. Der frei stehende, gemauerte Tischherd ist die älteste Herdform, die es gab, seit sich das Feuer vom Boden gelöst hatte. Unser Herd ist bereits eine Stufe weiter – er ist schon an die Wand gerückt. Von drei Seiten aus ist er erreichbar und mit der schmalen Feuerwand (95 cm) durch einen 40 cm hohen Sockel verbunden.

Unter der Kochfläche bietet der Block in einem offenen kleinen Gewölbe Platz, um Holz nachzutrocknen.

Die Feuerwand ist gerade breit genug, um auch den Kachelofen von der Küche aus betreiben zu können. Sie ist an zwei Stellen durchbrochen. Die größere, tiefer liegende Öffnung dient der Befeuerung des Kachelofens, der sich von der anderen Seite – von der Wohnstube her – an diese Wand schmiegt. Weil er sein Feuer von der Küche aus empfängt, heißt er „Hinterlader". Die zweite Öffnung lässt über dem Befeuerungsloch den Rauch aus dem Kachelofen zurück in die Küche ziehen. Sie kann, im Gegensatz zum unteren Feuerloch, nicht verschlossen werden. Auf diese Weise gelingt es, die Wohnstube warm und gleichzeitig rauchfrei zu halten – ein zentraler Gedanke des gesamten Hausgefüges. Im Innern des Kachelofens berührt die Feuerwand das Feuer direkt. Sie muss deshalb immer massiv gemauert sein. Herkömmliche Fachwerk- oder Bohlenwände könnten der Hitze niemals standhalten. Eine Lichtnische für den Kienspan ziert die Feuerwand auf der Küchenseite.

Mit der Leiter zu den Räucherwürsten

Direkt über dem Herd befindet sich ein mächtiger „deutscher Schlot". Sein Rauchfang wird nicht als Bauelement in der Küche sichtbar, sondern erst im Stockwerk darüber. Er öffnet sich, wenn man so will, als großes Loch in der Decke, durch das die Rauchgase in den Schlot und so aus dem Haus gelangen. Die Öffnung (180 cm lang, 140 cm breit) ist sogar größer als die Grundfläche der Herdanlage darunter. Der Rauchabzug verjüngt sich im Geschoss über der Küche bis auf den Querschnitt des Schlotes und nimmt so dem hier liegenden Raum nicht wenig Platz weg. Der Rauch der beiden Feuerstellen (Kachelofen und Herd), der durch den Küchenraum wabert, wird nicht gebändigt oder geführt. Unter günstigen Verhältnissen nimmt ihn der Luftzug im Kamin mit nach draußen. Je nach Wetterlage bleibt der Rauch aber auch in der Küche hängen. So muss trotz des Schornsteins durchaus von Verhältnissen wie in einer Rauchküche (siehe Seite 13) ausgegangen werden.

Der Herd als Arbeitsstelle war also ziemlich ungemütlich, zumal das Rauchloch des Kachelofens in einer Höhe von etwa 155 cm lag. Damit traf der austretende Rauch die arbeitenden Frauen genau ins Gesicht. Und wer denkt, dass die Frauen am Herd immer schwitzen mussten, hat sich getäuscht: Neben der ausladenden Konstruktion und dem schwachen Zug mussten sie auch mit Kaltlufteinfällen durch den Schlot zurechtkommen.

Seine große räumliche Ausdehnung machte den Rauchfang begehbar, oder besser gesagt, bekletterbar. Das hatte zwei Vorteile: Erstens ließ er sich von unten säubern, und zweitens konnte er eine wichtige Funktion für die Ernährung der Familie übernehmen: das Räuchern! Mit Leitern stieg man in den verrußten Rauchfang und spannte Querstangen darin – je höher, desto besser! Denn zum Räuchern der Fleisch- und Wurstwaren, die nun an diesen Stangen aufgehängt wurden, brauchte es kalten Rauch. Da Heizen und Kochen unter diesen Lebensbedingungen nur mit Feuer möglich waren, übernahm die tägliche Rauchproduktion sozusagen nebenbei die Konservierung des wenigen, aber umso wertvolleren Fleisches (siehe Seite 130).

Dreibeinige „Kochhäfen"

Bei den alten Herden saßen Feuer und Glut offen auf dem Herd in einer flachen Mulde. Wer gezwungen war, hier zu kochen, brauchte geeignetes Geschirr. Seit dem Mittelalter waren daher „Kochhäfen" auf drei Beinen gebräuchlich, die im Feuer standen. Pfannen – verschieden hoch und in allen Größen – mussten auf **„Pfannenknechte"** gesetzt werden. Die Hitze zu dosieren, erforderte großes Geschick. Wer es sich leisten konnte, legte sich daher gut leitendes Kochgeschirr aus Metall zu. Doch

Geschirr aus Ton oder Metall machte das Kochen auf offenem Feuer möglich. Damit das Geschirr nicht direkt auf dem Feuer aufsaß, gab es dreibeinige „Kochhäfen" oder „Pfannenknechte".

auch der Hafner produzierte Geschirr für den täglichen Gebrauch: irdene Gefäße, also Gefäße aus gebranntem Ton, denen das Feuer nichts ausmachte.

Ohne Zweifel wirkten sich die Art der Kochstelle und das entsprechende Geschirr auf die Gerichte aus, die unter solchen Umständen zubereitet werden konnten. Gemessen an den nachfolgenden Sparherden blieb der Spielraum der Möglichkeiten hier aber recht reduziert. Häufig gab es daher Gerichte, die in einem Topf gekocht werden konnten: „Eintöpfe", Suppe oder Brei. Das allgegenwärtige „Habermus" (siehe Seite 80) eignete sich beispielsweise hervorragend für einen solchen Herd und für die Keramiktöpfe, die die Hitze zwar schlecht leiten, aber gut speichern konnten.

Wer nun glaubt, dass solche Herde nur Eintöpfe hervorbringen konnten, der unterschätzt die damaligen Bäuerinnen! Es war eine Kunst, mit nur einer Feuerstelle Brei und Gemüse gleichzeitig zu kochen. Die Töpfe mussten abwechselnd zum Aufkochen auf die heiße Flamme und zum Nachgaren an den warmen Herdrand gestellt werden. Der Hausfrau musste es außerdem gelingen, die Glut Tag und Nacht zu erhalten. Um die Gefahren einzudämmen, wurde die unbeaufsichtigte Herdstelle mit einem „Glutscherben" geschützt, einer Art Glocke aus Ton. Schwere Strafen drohten allen, die fahrlässig mit dem Feuer umgingen – hing doch Wohl und Weh der gesamten Gemeinschaft davon ab. Schließlich hatten Feuersbrünste nicht selten ganze Städte verwüstet.

Feurio!

Obwohl die Gefahr durch das Feuer alltäglich und allen bewusst war, schienen die Menschen früher trotzdem oft recht sorglos mit den offenen Flammen und der Glut im Haus umgegangen zu sein. Davon zeugen alte Feuerordnungen und Berichte der obrigkeitlichen Feuerschauen. Hier einige Auszüge im originalen Wortlaut:

Konzenbergische Feuerordnung (heute Kreis Tuttlingen, 1690):
„Nachdem wir anordnen, dass Unser von Amts wegen bestellter Kaminfeger auch zu allen vier Zeiten des Jahres ein jedes Kamin in der Herrschaft fege und säubere um einen billigen Preis, so sollen unsere Untertanen sich nicht weigern, sondern – da dies zur Verhütung größeren Schadens und Gefahren gereicht – bey hoher Strafe gehorsam sein."

Bericht der Feuerschau Mühlheim an der Donau (Kreis Tuttlingen, 1779):
„Bei der letzten Hauptfeuerschau sind ziemlich viele mit Bretter verkleidete Kamine angetroffen worden, auch einige Küchen sind nicht gut belegt und vor den Feuern verwahrt gewesen. Bei Strafandrohung von 5 Gulden müssen bis zur nächsten Hauptfeuerschau an Michaelis (29. September) alle Kamine und Küchenböden aus Backstein gemacht sein."

Gefangenes Feuer

Der zweiten, oben angesprochenen Herdstelle im Freilichtmuseum Neuhausen ob Eck begegnen wir im Bauernhaus „Biehle" (von „Biehl" bzw. „Bühl" = Hügel, Anhöhe), das 1783 in der Standortgemeinde Neuhausen ob Eck erstmals urkundlich erwähnt wurde. Von der Hausform her mit dem Haus „Schömberg" engstens verwandt, zeigt sich ein ähnliches Zusammenspiel aus Kachelofen, Herd, Feuerwand und Schlot. Mit dem Einrichtungsschnitt um das Jahr 1920 kommen nun aber einige gravierende Neuerungen ins Spiel. So mischen sich in dieser Küche die Errungenschaften des 19. Jahrhunderts mit traditionellen Gegebenheiten.

Modern ist zum Beispiel der Herd. Als sogenannte „Kochmaschine" ist er der erste mobile Herd, der im Falle eines Umzugs hätte mitgenommen werden können. Die Kochmaschine war eine Weiterentwicklung des Sparherdes, bei dem das Feuer in einer geschlossenen „Feuerkammer" eingesperrt brannte wie in einem Ofen (siehe Seite 18). Bis zu 80 Prozent weniger Holz brauchte dieser Herd im Vergleich zur offenen Herdstelle, daher auch der Name „Sparherd".

Selbst die Töpfe, die es speziell für die Sparherde gab, verhalfen dem Herd dazu, dass das Feuer gefangen blieb, auch wenn die Unterseite der Töpfe noch immer direkt mit dem Feuer in Berührung kam: In die eiserne Herdplatte waren runde Löcher eingeschnitten, deren Durchmesser mit verschiedenen Metallringen der Topfgröße anpasst werden konnte. Die halbkugeligen Töpfe wiederum umgab ein Wulst, der die Töpfe einerseits in der Herdplatte hängen, andererseits die Flammen aber nicht herausschlagen ließ. Die Kunst, hier zu kochen, und die damit verbundenen Mühen sind heute noch im Museum in Neuhausen ob Eck nachvollziehbar.

Russische Schlote ziehen besser

Die spärlichen Maße des Biehle-Herdes (90 cm breit, je 73 cm hoch und tief) machen ihn ideal für den kleinen Küchenraum. Der Herd ist hauptsächlich aus Gussmetall hergestellt. Einen Hinweis auf den Hersteller gibt es nicht, ebenso wenig wie die später so verbreitete Emaillierung zum Schutz von Metall und Mensch.

Obwohl sich der Herd bereits von Wand und Boden gelöst hat, kann ihn diese Mobilität doch nicht aus der Ordnung des Bauernhauses befreien. Nach wie vor erfordert der Kachelofen der Stube eine Feuerwand, die hier mit 50 cm doppelt so dick ist wie die Fachwerkbalken im Haus. Wie im „Bärbele-Haus" aus Schömberg bläst auch hier das Rauchloch die Rauchgase direkt in Augenhöhe heraus.

Dennoch hat sich der Rauchfang geändert. Es gähnt zwar noch ein Loch in der Decke wie im „Bärbele-Haus", dieses gehört aber zu einem soge-nannten „russischen Schlot". Dieser ist bedeutend kleiner als sein „deut-scher" Vorläufer. Im Haus beschreibt er die Form eines Viertelkreises (Radius 60 cm) mit Mittelpunkt in der Ecke zwischen Feuerwand und Hausaußenwand. Der Schornstein führt mit einem gleichmäßigen, relativ geringen Querschnitt nach oben über das Dach hinaus. Allerdings muss er von außen gereinigt werden. Die Kochsituation hatte sich mit diesem Herd zwar verbessert, jedoch mussten die Bewohner jetzt eine eigene Räucherkammer anlegen. Dennoch hatte der Schlot Vorteile: Weil er enger war, zog er besser. Das kam dem Feuer und der Luft in der Küche zugute.

Und doch ist es dieser Schlot, mit dem die „alte Zeit" der rauchigen Küchen lebendig bleibt. Das Ofenrohr der Kochmaschine verband sich nämlich baulich nicht mit dem Kamin, sondern entließ seine Abgase ein-fach in den offenen Rauchabzug. Das Ofenrohr ragte nur etwa 8 cm in den Schlot hinein. Die Küche blieb also rauchig.

Küche und Stube trennen sich

Erst nach dem Zweiten Weltkrieg lösten radikale technische Neuerungen zusehends die alten Formen ab. Es dauerte bis zur Erfindung von Elektro-herd und Zentralheizung, bis Kochen und Heizen nicht mehr gleichzuset-zen waren mit „Feuer unterm Dach". Erst dann konnten sich die Häuser auf dem Land wirklich rauchfrei nennen; und erst dann vermochte sich auch die bauliche Struktur von der Feuerstelle zu lösen. Der Weg war nun frei für eine funktionelle und hygienische Einbauküche.

Von rauchenden Herden und reifenden Schinken

Schwarzwälder Freilichtmuseum Vogtsbauernhof, Gutach

Essen war im Schwarzwald zum Sattwerden da. Um Genuss ging es dabei nicht. Das zeigt die Ausstattung der Küchen. Und das zeigen auch die Gerichte, die die Frauen kochten. Sie setzten schnell die Suppe auf den Herd und verließen dann die Küche. Der Grund: Die Schwarzwälder Küchen hatten keinen Kamin. Das offene Feuer im Herd zog also nicht nach draußen ab, sondern verteilte sich im ganzen Haus – zum Wohle des Gebälks, das konserviert wurde, zum Wohle des Getreides im Speicher, das kein Ungeziefer fürchten musste, und zum Wohle des Schinkens, der im Rauch friedlich vor sich hin garte.

Die Bäuerin hustet

Kein Wunder also, dass die Schwarzwaldbauern auf ihre Rauchküchen nicht verzichten wollten, als die Brandschutzverordnungen um das 19. Jahrhundert herum einen gemauerten Abzug verlangten. So standen noch im 20. Jahrhundert die Schwarzwälder Frauen im Rauch ihrer schwarzen Küche.

■ Die rauchige Luft vom offenen Herdfeuer trocknete auch die Gebäude, die durch die aufsteigende Feuchte aus den Ställen vor allem unter dem Dach klamm waren. Schimmel gab es in den Häusern erst, als Kamine eingebaut wurden.

Einen Zacken zulegen!

Der älteste Herd im Schwarzwälder Freilichtmuseum Vogtsbauernhof steht im Hippenseppenhof: Ursprünglich war dieser Herd ein gemauerter Tischherd, auf dem ein oder zwei Feuer brannten. Später wurde eine der Feuerstellen an den Seiten mit drei kleinen Mauern geschützt. Darauf kam eine eiserne Abdeckplatte. Der Herd hatte noch kein Ofentürchen. In die Abdeckplatte waren Löcher eingeschnitten. Dort hingen die Töpfe im offnen Feuer. Die auffällige Hängevorrichtung über dem Herd, der Galgen, hatte den Vorteil, dass die großen und schweren Töpfe an der metallenen „Säge" höher oder tiefer gehängt werden konnten. Legte man also einen Zacken zu, kam der Topf dem Feuer näher, die Hitze wurde größer und das Kochen ging schneller. Um den Funkenflug abzufangen, war über den Feuerstellen das „Gewölm" gespannt. Es bestand aus einem Geflecht aus Haselnussruten, das mit einer Lehm-Stroh-Mischung verschmiert war.

Blick in die Küche des Hippenseppenhofes: Rechts vom Herd befand sich das Feuerloch des Kachelofens in der Stube. Daneben war die Durchreiche, das „Küchenlädele", durch die das Essen in die Stube gereicht wurde. In der rauchigen Küche konnte man nicht essen.

Karge Küche und karge Kost

Die Rauchküche im Vogtsbauernhof, dem Namen gebenden Bauernhof auf dem Gelände des Schwarzwälder Freilichtmuseums, ist noch so möbliert, wie sie die letzte Bewohnerin 1965 verlassen hat. Sie befeuerte einen Herd, bei dem das offene Feuer auf einem Rost brannte. An drei Seiten war das Feuer ummauert, vorne gab es ein Türchen. Abgedeckt war der Herd mit einer Eisenplatte, in deren runde Öffnungen die Töpfe, Pfannen, Waffeleisen oder Kaffeeröster eingehängt werden konnten. Solche Herde wurden **Sparherde** genannt, da sie im Gegensatz zum offenen Feuer relativ holz- und kohlesparend waren.

Auch diese Küche ist sehr einfach ausgestattet: Ein Schrank, zwei Tische, ein paar Regale, wenig Geschirr – das war alles. An der Wand hängen Wellholz, Stampfer, Schaum- und Schöpflöffel – komplizierte Speisen konnten mit den wenigen Kochgeräten nicht gekocht werden.

Fünf Sinne für die Rauchküche

Eine Rauchküche ist ein Erlebnis für alle Sinne: Der Rauch steigt in die Nase, das Holz leuchtet im Dunkeln und knistert vor sich in. Und nicht zuletzt kann man auch noch die Speisen probieren, die da gekocht werden. Schwarze Supp' gibt es da zum Beispiel, oder Kartoffeln mit Quark. Und wo?

Im Schwarzwälder Freilichtmuseum wird eine Rauchküche regelmäßig befeuert, und zwar täglich von Mitte Mai bis Mitte September. Je nach Wetterlage steht der Rauch dann im ganzen Haus, und wenn man Pech hat, steht man selbst mittendrin – ein einmaliges Erlebnis, das allemal dafür entschädigt, dass man hinterher noch lange genau so nach Rauch riecht wie die Köchinnen damals.

Die Küchendecke im Vogtsbauernhof war in ihrer ganzen Breite ein Rauchfang, in dessen Wölbung Stangen zum Aufhängen der Rauchwaren befestigt waren. Sie war bis 1965 in Betrieb.

Dreimal täglich Suppe

Zu den täglichen Mahlzeiten versammelten sich alle Hofbewohner um den Stubentisch: Am Kopf des Tisches saß der Bauer, daneben die Bäuerin. Die männlichen Bewohner saßen auf der langen Seite der Eckbank, die weiblichen gegenüber. Nach dem Gebet löffelte man gemeinsam aus einer Schüssel. Für einige Gerichte hatte jeder seinen eigenen Teller. Die Kartoffeln aß man direkt vom Tisch.

Der Speiseplan der Schwarzwaldbauern bestand noch in der ersten Hälfte des 20. Jahrhunderts aus wenigen, immer wiederkehrenden Gerichten. Man kennt den Speisezettel eines großen Hofs aus Oberwolfach aus dem Jahr 1883: In der Regel gab es als „'s Morgeessen" nach dem Stall eine schwarze Einbrennsuppe, die mit altem Brot sämig gemacht wurde, und eine Kartoffel.

Zum Mittagessen gab es wieder Suppe, diesmal aus Gerste, Reis oder Riebele (Spätzlesteig, der über eine Reibe in die Suppe gerieben wird). Daran anschließend gab es dreimal pro Woche Speck, Kraut und Salat (im Winter Speck, Sauerkraut oder Kohlrabi), dreimal pro Woche Mehlspeise und Salat, Milch, Kartoffeln oder Brot und einmal pro Woche Bohnen, Kartoffeln und Brot.

Um neun Uhr und um vier Uhr wurde auf den Höfen gevespert: Brot, selbst gemachter Käse, Butter, Marmelade und Äpfel. Zum Trinken gab es Most, Schnaps und teilweise auch Gerstenkaffee. „'S Nachtesse" wurde nach der Arbeit eingenommen. Wie beim Morgenessen stand meist Suppe auf dem Tisch. Ähnlich, aber deutlich bescheidener, fiel der Speiseplan der Tagelöhner aus.

Die warme Stube

Früher gab es einen wichtigen Unterschied zwischen den Kammern und der Stube. Die Kammern waren ungeheizt, die Stube dagegen war geheizt und rauchfrei, denn der Stubenofen war ein Hinterlader:

Er wurde von der Küche aus geschürt und der Rauch blieb ebenfalls in der Küche. Die Küchen der Schwarzwaldhöfe waren zwar auch warm, aber sie waren meistens verqualmt und sehr dunkel (siehe Seiten 14, 15).

Mancher große Hof hatte sogar zwei warme Stuben – wie viele der Küchen auch zwei Herde hatten. Der Grund: In der Stube lebte der Bauer und seine Familie. Im „Stüble" verbrachte der Altbauer seinen Lebensabend. Und in der Küche konnten die beiden Familien auf ihren eigenen Herden kochen und ihre eigenen Öfen heizen.

Von der „Kunst", die Suppe warm zu halten

Die Winter im Schwarzwald waren kalt und lang. Kein Wunder, dass die Bewohner der großen Schwarzwaldhöfe Erfindungsreichtum zeigten, was die Heizung anbelangte. Da gab es beispielsweise die „Kunst", eine Schwarzwälder Spezialität, die unmittelbar mit den Rauchküchen zusammenhing. Woher der Begriff kommt, weiß man nicht genau. Vielleicht von der Kunst, mit diesem Ofen Holz zu sparen, denn die „Kunst" nutzte die heißen Abgase des Herdes, um die Stube mit zu heizen.

Das Prinzip war einfach: Der Herd stand in der Küche an der Wand, die an die Stube grenzte. In diese Wand war ein **Heißluftsystem** eingelassen, durch das die Abgase des Herdfeuers geleitet wurden. Der Anfang befand sich direkt hinter dem Herdfeuer, das Ende mündete in etwa 160 cm Höhe wieder in die Küche ein – knapp über der kochenden Bäuerin. Einen richtigen Kamin gab es in den damaligen Rauchküchen nicht.

Die Wand in der Stube – vor dem Heißluftsystem – war gekachelt und wurde „Kunst" genannt. Sie wäre nichts ohne eine integrierte, gemauerte, und ebenfalls gekachelte Bank. Manchmal waren diese **Kunstbänke** sogar zweistöckig, wie eine Treppe angelegt. Hier konnten Gäste wie Handwerker auf der Stör (= Wanderschaft reisender Handwerker) schlafen – ein privilegierter Schlafplatz vor allem im Winter und in der Übergangszeit. Schließlich waren die Kunst wie auch der Küchenherd ganzjährig warm.

In der Mitte der Kunst war oft eine Aussparung gelassen – das Kunstloch. Speisen blieben hier warm, und im Winter trockneten sicher auch die nassen Handschuhe darin. Später dann, ab Anfang des 19. Jahrhunderts, wurden Kunst und Stubenofen aus einem Material gekachelt. Beide wirkten nun als Einheit, wobei das Heizungsprinzip unterschiedlich war: Der Ofen heizte direkt mit einer Feuerquelle und wurde auch entsprechend heiß. Die Kunst hingegen erwärmte sich indirekt durch die heißen Abgase des Herdes und gab – wie eine Wandheizung – milde Wärme in den Raum ab.

Blick in die Stube des Hotzenwaldhauses. Optisch nicht zu trennen und im Hotzenwald sehr beliebt:
Vorn die ganzjährig angenehm warme Ofenkunst mit Bank, hinten der im Winter beheizbare Ofen. Auf dem Gestell über dem Ofen konnten Socken und andere kleine Wäscheteile getrocknet werden.

Von Sparherden und Kochmaschinen

Freilichtmuseum Beuren

Benjamin Thompson war eine vielseitige Persönlichkeit. Der physikalisch hochbegabte Tüftler wurde 1753 in Amerika geboren und lebte zeitweise in London, München und in Paris. Wo immer er auftauchte, waren seine Fähigkeiten hochgeschätzt: In England verbesserte er die Mechanik von Gewehren und das Schießpulver. Nach München umgezogen, tüftelte er weiter und siehe da: Thompson erkannte als erster, dass Wärme nichts Stoffliches, sondern ein energetischer Zustand ist. Dafür adelte ihn 1791 der bayerische Kurfürst. Benjamin Thompson hieß fortan Graf Rumford.

Ein Sparherd und neue kulinarische Genüsse

Rumford erwarb größte Verdienste auch mit einem von ihm erfundenen Herd. Der war so entscheidend neu und zum Kochen so viel praktischer, dass der Tüftler eigentlich neben seinen übrigen physikalischen Erfindungen hierfür den Adelstitel verdient gehabt hätte.

Im 18. Jahrhundert war die Entwicklung der Kochstellen immerhin schon so weit fortgeschritten, dass warmes Essen nicht mehr zwingend am offenen Feuer gekocht werden musste. Dennoch waren die Herde – meist mit gemauerten Seiten und einer eisernen Abdeckung – uneffektiv und verbrauchten viel Holz. Dieser enorme Holzverbrauch führte vor allem in den wachsenden Städten zu Problemen. Die alten Herde qualmten außerdem ziemlich. Unter dem Einfluss der Aufklärung hatte sich jedoch der Gedanke durchgesetzt, dass rauchiges und rußiges Feuer der Gesundheit schade. Daher waren auch hier Verbesserungen nötig.

Feuer verschlossen zu halten bot sich als einfache Lösungsmöglichkeit an. Graf Rumford erfand daher einen Herd, in dem das Feuer gefangen blieb und dessen Wirkungsgrad durch das Ausnützen der Heißluft erhöht wurde. Das funktio-

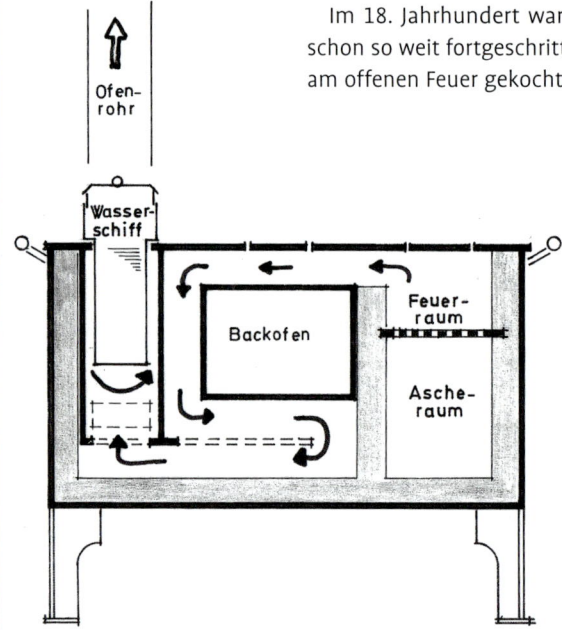

Das Prinzip von Graf Rumfords „Sparherd": Das Feuer einsperren, die Heißluft ausnutzen und damit effizienter kochen und heizen.

nierte folgendermaßen: Rumford konstruierte ein geschlossenes Extrafach für das Feuer, das eine Luftzuleitung und eine Luftableitung hatte. Anstatt den Rauch beziehungsweise die erhitzte Luft sofort in den Kamin entweichen zu lassen, lenkte er die Hitze durch horizontale Züge innerhalb des Herdes zu den Kochplatten und zum integrierten Backofen.

Genialer Luftzug

Das Rumford-Prinzip hatte etliche Vorteile: Erstens ließen eingebaute Kaminrohre, meistens aus Blech, den Rauch direkt vom Ofen in den Schornstein ziehen. Die Luft in der Küche wurde dadurch deutlich besser. Weil der heiße Rauch aber zweitens auch länger im Ofen selbst verblieb, entstand ein zusätzlicher Heizeffekt. Die Küche gehörte nun mit zu den wärmsten Räumen im Haus – die ungemütlichen Flurküchen hatten endgültig ausgedient. Drittens bot der Sparherd einen kulinarischen Vorteil: In die heiße Eisenplatte konnten mehrere Töpfe gleichzeitig eingehängt werden. Das Resultat: Es gab fortan nicht mehr alle Tage Eintopf. Und weil das Feuer auch den Backofen automatisch mit erhitzte, standen immer häufiger „neue Gerichte" auf dem Tisch, zum Beispiel Fleischpasteten oder Aufläufe. Viertens, und das war vielleicht sogar der wichtigste Aspekt: Der Herd verbrauchte deutlich weniger Holz und wurde daher „Sparherd" genannt.

Sparherd aus den 1930er Jahren, mit Ordnungseinrichtung für Schürhaken, Schaufel etc.

Der Tüftler und seine Suppe

In München war Graf Rumford eine Zeit lang zuständig für die Verpflegung der Armee. Deshalb ließ er einen großen Gemüsegarten anlegen, für den die Münchner ihm ewig dankbar sein werden – es ist der heutige Englische Garten. Rumfords Name hat auch im Zusammenhang mit einer Suppe überdauert: In den Hungerwintern um 1795 ließ der Graf einen nahrhaften Eintopf aus Knochenbrühe, Graupen und Kartoffeln kochen – für die Soldaten und die Armen in der Stadt. Doch die hungernden Münchner weigerten sich, Kartoffeln zu essen, dieses „giftige Viehfutter". Rumford musste die Knollen notgedrungen durch altes Schwarzbrot ersetzen, obwohl eines seiner Anliegen war, die damals noch verkannte Kartoffel unter das Volk zu bringen.

Die Zeit gab Rumford jedoch Recht: Das Gericht heißt heute Rumfordsuppe und ist, mit Kartoffeln und einer Fleischbeilage verfeinert, nicht mehr wegzudenken aus dem Kanon bürgerlicher Tafelfreuden.

Rumfordsuppe (Rezept von 1938)

Zutaten für vier Personen:
- 100 g gelbe, geschälte Erbsen
- 40 g Graupen
- 100 g geschälte, gewürfelte Kartoffeln
- 200 g Schweinefleisch
- 2 l Brühe oder Wasser
- Suppengemüse
- Salz

So wird's gemacht: Die gewaschenen, eingeweichten Erbsen lässt man mit den Graupen, dem Suppengemüse und dem Fleisch in der Brühe fast weich kochen, dann fügt man die in Würfel geschnittenen Kartoffeln dazu, würzt die Suppe mit Salz und richtet sie mit gehackter Petersilie und gerösteten Semmeln an.

Tipp: Statt Schweinefleisch, das beim Kochen zäh werden kann, schmecken Saitenwürstchen lecker. Frisches Liebstöckel gibt der Suppe den letzen Pfiff.

Mit der „Kochmaschine" ins Industriezeitalter

Transportable, eiserne Herde mit Ringkochplatten markierten eine Fortentwicklung des Rumford-Herdes. Diese mobilen Herde, auch „Kochmaschinen" genannt, wurden überwiegend fabrikmäßig hergestellt und bestanden meist aus Eisen (Gusseisen oder Eisenblech). Außen waren sie gekachelt, emailliert oder mit gusseisernen Platten versehen. An der Vorderseite gab es verschiedene Türen, Klappen und Kästen – zum Feuern, Schüren und zum sauberen Entfernen der Asche. Immer anzutreffen war ein „Schiff", ein Wasserbehälter, der in den Herd eingelassen war, und der immer dann warmes Wasser vorhielt, wenn der Herd befeuert worden war.

Kochen auf einem „KOWA-Herd"

An dieser Stelle soll der Blick auf eine ehemals bekannte württembergische Firma gerichtet werden, deren Produkte in vielen schwäbischen Küchen zur Grundausstattung gehörten.

Der Kaufmann Richard Wiest hatte im Jahr 1864 in Kirchheim unter Teck eine „Handlung mit Kleineisen, Porzellan, Glaswaren und Handwerkzeug" gegründet. Seine Witwe, Emma Wiest, übergab das Geschäft 1895 ihrem Sohn Eugen. Der handelte nun vor allem mit eisernen Kochherden aus Hessen und dem Rheinland. 1904 begann Eugen Wiest, in Kirchheim unter Teck selbst Herde zu bauen und gründete drei Jahre später eine kleine Fabrik. Mit Erfolg: Der Betrieb entwickelte sich kontinuierlich und die aus Exportgründen gewählte Schutzmarke „KOWA" wurde von einer stetig wachsenden Kundenzahl geschätzt. Eine eigene Eisengießerei sowie ein Emaillierwerk wurden der Werksanlage hinzugefügt und Mitte der 1950er Jahre gehörte die Anlage zum größten Eisen verarbeitenden Betrieb in der Region um Kirchheim unter Teck. Viele Kochmaschinen, die in Württemberg angetroffen wurden, waren mit dem Signet „Kowa" versehen. Doch die Konkurrenz schlief nicht. Sie zog nach, auch technisch gesehen, und die Firmengeschichte endete Anfang der 1970er Jahre.

Neue Pfannen braucht der Herd

Die neuen Herde funktionierten natürlich nur mit neuem Küchen- und Kochgeschirr. Die runden, hängenden Kessel, die entweder im Feuer hingen oder auf einem Dreifuß standen, hatten zu dem Zeitpunkt ausgedient, als eine Eisenplatte über das Feuer gelegt wurde. Nun brauchte man an der Unterseite ebene, gut leitende Pfannen. Und weil diese Töpfe auch direkt durch die eisernen Ringkochplatten ins Feuer gehängt werden konnten, mussten sie robust sein. Das herkömmliche Tongeschirr – die „Hafnerware" – hatte zwangsläufig ausgedient. Waren Kupfer- und Messingtöpfe in der Anschaffung eher teuer, gab es ab etwa 1900 preisgünstige, industriell gefertigte Gefäße aus emailliertem Guss und emailliertem Schwarzblech zu kaufen.

Von Bäuerinnen im Backstress

Hohenloher Freilandmuseum Wackershofen

Erst wird ordentlich ange-schürt, anschließend wird die Glut mit einem langen Eisen-schaber wieder herausgeholt und das Backgut in den Ofen geschoben.

Das Holzofenbrot kommt ohne Feuer aus. Der Ofen aber nicht. Wie ist das zu verstehen? Bevor das Brot in den Ofen eingeschossen wird, wird das Feuer herausgeräumt. Das muss wissen, wer aus einem Backhäuschen halbwegs passable Brote herausholen will. Eine hohe Kunst ist es, den Augenblick genau abzuschätzen, an dem die Steine heiß genug sind: Ein paar Grad zu wenig, und die Hitze kann nicht lange genug gehalten werden, um das Brot fertig zu backen. Ein paar Grad zu viel, und die Brote verkohlen.

Mit anderen Worten: Backen am Holzofen ist gar nicht einfach und war für die damaligen Bäuerinnen Stress vom frühen Morgen an.

Strahlungshitze aus dem Holzbackofen

Dabei ist das Prinzip einfach: Im Ofen wird ein Holzfeuer geschürt. Die Hitze, die dabei entsteht – 600 °C kann ein solcher Ofen leicht schaffen – wird von den Steinen um den Backofen aufgesogen und gespeichert. Der Backraum mit seinem flachen Ziegelgewölbe gibt sie wieder an das Backgut ab. Die Backhitze entsteht also nicht durch ein direkt unter dem Brot geschürtes Feuer, wie es sich viele Käufer eines Holzofenbrotes vorstellen, sondern durch die **Hitzespeicherfähigkeit** der Steine rund um das Brot. Die notwendige Backtemperatur wird dabei nicht ständig zugeführt wie bei einem neuzeitlichen Elektroherd. Sie entsteht vielmehr durch ein vorher einmal ordentlich geschürtes Feuer, das seine enorme Wärme an die umgebenden Wände abgibt. Würde das Feuer im Backofen weiter brennen, würde das Backgut unwiederbringlich verbrennen. Das Feuer muss vor dem Backen also weitgehend aus dem Backofen geräumt werden. Das macht der Bäcker oder die Bäckerin mit einem langen Eisenschaber. Die Reste der heißen Asche holt man dann mit einem feuchten Lappen heraus, der um einen langen Holzstiel gewickelt ist. Erst dann ist der gereinigte Ofen bereit, Backwaren aufzunehmen. Die aufgeheizten Steine geben nun ihre gespeicherte Hitze an den Backofenraum und damit an die Brote ab.

Könner lassen nur einen kleinen Gluthaufen in einer Ofenecke übrig. Ihn kann man dann beim zweiten Durchgang gleich wieder zum Anschüren verwenden.

Blooz als krönender Abschluss

Am Anfang ist der Backofen naturgemäß am heißesten. Während des Backens nimmt die Innentemperatur dann langsam ab. So hat es sich bewährt, zuerst große, dann kleinere Brote zu backen und am Schluss, wenn die Wärme gerade noch für einen dünnen Teig reicht, einen flachen Kuchen, den die Hohenloher und Franken „Blooz" nennen. Dieser Blooz war also früher eher ein Nebenprodukt beim Backen. Hauptzweck hingegen ist er beim bekannten Backofenfest im Freilandmuseum Wackershofen. Da erwarten die Besucher freilich schon morgens frisch gebackenen Blooz. Deshalb werden an diesen zwei Tagen Ende September ständig sechs bis sieben Backhäuser gleichzeitig betrieben. Denn auch für den dünnen Blooz müssen die Backhäuser immer wieder neu angeschürt werden. Eine oder eineinhalb Stunden dauert es, bis die Hitze wieder groß genug ist, um eine frische Ladung Kuchen einzuschießen. Pro Tag kann daher an einem Ofen höchstens fünf- bis sechsmal gebacken werden. Da aber so ein alter Backofen je nach Größe zwischen zehn und zwanzig

Die flachen „Blooze" werden zum Schluss gebacken und damit die Resthitze des Ofens ausgenützt.

Bloozbleche aufnimmt, spuckt ein einziger Backofen an einem Tag zwischen 60 und 120 Blooze aus. Harte Arbeit nicht nur für die Bäcker und Bäckerinnen, sondern auch für diejenigen, die den Teig kneten und belegen!

Die Kunst des Ofensetzens, oder: Eine Lehre zum Leeren

Die enorme Hitze in den Backöfen setzt natürlich dem Mauerwerk zu. Daher muss ein Backofen, der ständig geschürt wird, ab und zu auch erneuert werden. Das betrifft vor allem sein Gewölbe, das Maurer aus Schamottesteinen flach mauern. Flach natürlich deswegen, damit die Hitze im gesamten Ofenraum gehalten werden kann – schließlich stehen die Brote auf dem Ofenboden. Das Gewölbe mit Hilfe einer herkömmlichen Unterkonstruktion aus Holz zu mauern, funktioniert bei Backöfen nicht. Die Schürlöcher sind zu klein, und die Backröhre zu tief und zu niedrig, um die Holzverschalung aus dem dann geschlossenen Ofen wieder heraus zu ziehen. Daher schichtet der Ofensetzer vorher einen feuchten Sandhaufen als Lehre – sozusagen als Abstandhalter – auf. Nachdem das Gewölbe darüber fertig gemauert und der Mörtel abgebunden ist, kann man den Sand durch das Schürloch leicht entleeren. Oben auf dem Gewölbe erhält der Backofen eine ordentliche Lehmpackung, die hilft, die Hitze im Stein zu halten.

Auf dem Backofen selber ist der Kamin aufgesetzt. Durch ein Lüftungsloch kann nun Luft einströmen, das Feuer entfachen und nach oben mit dem Rauch wieder abziehen. Zusätzlich kann es noch je nach Geschick der Ofensetzer Zugkanäle oberhalb des Gewölbes geben, um eine optimale Innentemperatur schnell und sicher zu erreichen. Wenn dann noch ein Dach den Backofen ziert, und ein kleiner Vorbau, dann ist der Ofen eigentlich schon fertig. Zum Feuern muss dann nur noch trockenes Holz herangeschafft werden – und zwar ziemlich viel für einen langen Backtag! Längere, dickere Äste, gespaltene Hölzer oder sogar alte Bretter eignen sich gut dafür – die sogenannten „Backprügel".

Vom Eigenbackhaus zum Gemeindebackhaus

In der Vergangenheit haben sich drei Bautypen von Backöfen oder -häusern herausgebildet: Das allein stehende, kleine **Backhaus**, der an die Küche angebaute **Backofen** – auch gern im Obergeschoss – und das größere, von mehreren Familien benutzte Backhaus, das sich in Württemberg etwa ab 1840 zum **Gemeindebackhaus** entwickelte. Am bequemsten für die Bauersfrau war natürlich der von der Küche aus zu bedienende Backofen. Da stand sie nicht im kalten Zug, brauchte Teig und Zutaten nicht ins Freie zu tragen. Allerdings bedeutete ein solcher Backofen eine große Feuergefahr für das ganze Haus – und gleichzeitig für die dicht bebauten Dörfer. Daher setzten sich trotz gravierender Nachteile für die Bedienung die frei im Hof stehenden Backhäuschen durch.

Der Holzverbrauch ist jedoch bei vielen kleinen Backöfen höher als bei einem einzigen großen – und das gilt auch für die Brandgefahr. Deshalb erließ der württembergische Staat 1835 eine Verordnung, die den Bau von Gemeindebackhäusern forderte – binnen eines Jahres sollte in jeder Gemeinde ein solches Gebäude stehen.

Frommes Wunschdenken, wie die Geschichte zeigen sollte: In vielen Dörfern wurde ein Gemeindebackhaus überhaupt nicht gebaut, natürlich vor allem da nicht, wo die Dörfer lockerer bebaut waren und die von den Eigenbackhäusern ausgehende Brandgefahr weniger gefürchtet war. Anders in den eng bebauten Dörfern des Unterlandes: Hier wurde das Gemeindebackhaus zu einer nicht mehr wegzudenkenden Einrichtung.

Gemeindebackhäuser wurden im 19. Jahrhundert staatlich verordnet, um die Feuergefahr einzudämmen.

Kein Backen ohne Regeln

Alle zwei bis drei Wochen musste früher Brot gebacken werden. Beim Hofbackhaus oder Hausbackofen konnte die Bauersfrau allein entscheiden, wann sie den Ofen brauchte. Absprechen musste sie sich mit niemandem. Beim Gemeindebackhaus war dagegen eine richtige Verwaltung notwendig, um Streit zu vermeiden und eine unsachgemäße Benutzung zu verhindern. So erließ Beilstein zum Beispiel von Anfang an eine **Backordnung**, in der geregelt wurde, dass nur ein „Bäker" das Einheizen, Einschießen und das Herausnehmen der Backware besorgen darf. Das notwendige Holz mussten die Benutzer(innen) selbst mitbringen und zusätzlich an den Backmeister einen Geldbetrag bezahlen. Um 1900 kam das Backen von Kuchen für die großen Familienfeste immer mehr in Mode, so dass die Gemeinde sich veranlasst sah, dem Backen des Grundnahrungsmittels Brot Vorrang einzuräumen vor „feineren Waaren".

Backtag im Freilandmuseum

Im Hohenloher Freilandmuseum steht ein solches Gemeindebackhaus, das an vielen Sonntagen und natürlich am Backofenfest wie zu alten Zeiten angeschürt wird. Es stammt aus Beilstein. In seinen zwei Backöfen hinter dem großen, überdachten Vorraum wurde seit 1840 gebacken. Mit Veränderungen und Ergänzungen war das Häuschen bis 1961 in Betrieb, dann verfiel es zusehends. Seit nunmehr zehn Jahren raucht es wieder – die Backfrauen und der Bäcker des Freilandmuseums haben bereits unzählige Blooze und Brote darin gebacken.

Phantastischer Geschmack für harte Arbeit

Heute erleben die mit Holz geschürten Backöfen neue Wertschätzung. Es sind allerdings wohl weniger die Backöfen selbst, sondern vielmehr die Brote und Blooze, die dabei im Zentrum der Begierde stehen. Zu recht: Backwaren aus dem Holzbackofen nehmen immer den aromatischen, leicht rauchigen Geschmack des Ofens an. Sie sind unregelmäßiger geba-

Das Backhaus im Hohenloher Freilandmuseum wird sonntags häufig wieder angeschürt!

Backofenfest im Hohenloher Freilandmuseum. Nach Stunden harter Arbeit wird man endlich belohnt!

cken und bedienen damit eine Vorstellung der guten alten Zeit, in der Lebensmittel noch von Hand geformt und nicht von Fabriken und Maschinen genormt wurden.

Wenn beim herbstlichen Backofenfest im Hohenloher Freilandmuseum die Backöfen ihren Rauch in den blauen Himmel schicken und kurz nach neun Uhr die ersten leckeren Blooze liefern, haben die Backfrauen schon drei harte Stunden Arbeit hinter sich. Manche erinnern sich an ihre Jugend, als ihre Großmutter Brot gebacken hat. Beim Backtag war im Haushalt soviel Stress angesagt wie beim Waschtag. Die Backfrau war seit den frühen Morgenstunden in der Backstube, in der Regel kaum ansprechbar und erst dann wieder zugänglich, wenn abends das letzte Brot erfolgreich aus dem Backofen geräumt und alles wieder ordentlich gereinigt war. Und dann setzte sie sich hin und gönnte sich selbst ein Stück vom Blooz oder vom duftenden, frisch gebackenen Brot.

Von der Quelle in die Küche

Bauernhaus-Museum Wolfegg

Die Wasserleitung wird repariert und das Waschbecken bleibt trocken. Sofort herrscht Ausnahmezustand. Kein schnelles Händewaschen mehr, kein frisch gebrühter Kaffee, kein Wasser für die Spätzle. Klares, fließendes Wasser aus der Leitung zu jeder Tageszeit, auf Wunsch auch warm, ist für uns selbstverständlich. Nicht so für unsere Großeltern. Die erinnern sich noch, wie mühselig das Leben war, als jeder einzelne Eimer von der Wasserstelle in die Küche geschleppt werden musste. Wasserleitungen gab es zwar schon im alten Rom, nicht aber auf den oberschwäbischen und Allgäuer Höfen des 19. Jahrhunderts.

Wenn alle Brünnlein fließen ...

In Oberschwaben – mit seinem Wasserreichtum und dem landschaftlich stark ausgeprägten Relief – war es für die Landbewohner zunächst am einfachsten, das Wasser von einer Quelle, einem Bach, aber auch von Seen oder künstlich angelegten Weihern nach Hause zu schleppen. Als aber der Wasserbedarf in Haus und Hof stieg, reichte diese mühselige Form der Wasserversorgung nicht mehr aus. Wasser mitten im Dorf oder gleich direkt auf dem Hof, davon träumten die Frauen, die weite Wege mit den schweren Wassereimern gehen mussten.

Immer häufiger wurden nun **Brunnen** in den Ortschaften oder direkt in den Höfen angelegt. Wo es kein Grundwasser gab, floss das lebenswichtige Nass durch hölzerne Leitungen von weiter entfernt liegenden Quellen oder Bächen – der erste Schritt zur allgemeinen Wasserversorgung war getan.

Brunnentratsch

Dorfbrunnen gab es zu Beginn des 19. Jahrhunderts in allen Dörfern und Weilern. Oft herrschte dort reges Treiben: Bäuerinnen und Mägde holten schließlich tagtäglich Wasser für die Höfe. Man traf sich hier also regelmäßig und tauschte Neuigkeiten aus. Die größeren oberschwäbischen Höfe hatten zu dieser Zeit aber wohl alle schon einen eigenen Brunnen.

Den nächsten Schritt zum fließenden Wasser stellten die **Pumpbrunnen** dar. Bereits Ende des 18. Jahrhunderts gab es Brunnen mit Pumpen. Ganz vereinzelt standen diese Wasserpumpen auch direkt in der Küche – nämlich dann, wenn sich die Küche über der Brunnenstube befand. Es sollte aber noch bis ins 20. Jahrhundert und bis zur Verbreitung der **Saugpumpe** dauern, bis sich Pumpen in bäuerlichen Küchen durchsetzten, und auch nur dort, wo die öffentliche Wasserversorgung nicht hinreichte, denn seit Ende des 19. Jahrhunderts begann in Oberschwaben und im württembergischen Allgäu der Aufbau kleiner, gemeinschaftlich genutzter Wasserversorgungsnetze.

Große und kleine Wasserversorgungsnetze

Der Wasserbedarf stieg zu Beginn des 20. Jahrhunderts deutlich, das Leitungsnetz wuchs. Die Wasserversorgung wurde zunehmend gemeinschaftlich organisiert. Dies ging zunächst vor allem auf private Initiativen zurück. Starke Quellen wurden gefasst und im freien Gefälle oder über Pumpen in ein höher gelegenes Wasserreservoir geleitet. Von dort aus konnte das Wasser dann über ein Leitungssystem zu den umliegenden Höfen fließen.

Der Wind hilft beim Pumpen

An anderen Orten gab es Verteilersäulen, die mitten in den Weilern standen. Von ihnen aus führten die Leitungen dann zu den einzelnen Höfen und versorgten Küchen und Ställe mit der vertraglich ausgehandelten Menge Wasser.

Im württembergischen Allgäu taten sich die Wasserversorger allerdings schwer, und das hatte historische Gründe. Die Vereinödung – eine Art Flurbereinigung im 18. Jahrhundert – hatte Bauernhöfe geschaffen, die einsam und weit übers Land zerstreut lagen. Sie an die zentrale Wasserversorgung anzuschließen, war viel zu teuer. Diese Einödhöfe holten sich ihr Wasser weiterhin aus hofeigenen Brunnen – und manche tun das bis heute. Mit dem Aufbau des Stromnetzes auf dem Lande in den 1930er Jahren trat aber auch hier eine Verbesserung ein: Die Landwirte bauten selbsttätig arbeitende, strombetriebene Haus-Wasserversorgungsanlagen, die die gleichen Annehmlichkeiten boten wie die öffentliche Wasserversorgung. Nun konnte das Wasser auch hier direkt in die Küche geführt werden.

Neben dem Strom setzten die Einödbauern auch auf Windkraft: Windräder förderten Grundwasser, das über Wasserleitungen verteilt wurde. Im windreichen württembergischen Allgäu wurden zwischen 1897 und 1917 ungefähr 40 solcher Anlagen aufgestellt.

Kein Trinkwasser!

Mit einem Problem mussten die Brunnenbesitzer allerdings fertig werden, das war (und ist) die **Wasserqualität**. Die Hausbrunnen lagen oft genug direkt neben den Ställen, den Güllegruben oder Dunglegen. Auch die Praxis der fehlenden Abwasserentsorgung trug maßgeblich zur schlechten Wasserqualität bei: Das schmutzige Wasser wurde damals einfach vor dem Haus auf den Hof geschüttet. Weil es keine ordentlichen Abflüsse gab, verunreinigte dieses dreckige Sickerwasser den Brunnen. Gülle und Abwasser sind ausgezeichnete Nährböden für Viren und Bakterien. Krankheiten und Seuchen konnten sich auf diesem Weg schnell ausbreiten.

Wer aber glaubt, die schlechten hygienischen Bedingungen des Grundwassers seien ein Problem unserer Großeltern, der irrt. Noch 1976 bemängelt das Staatliche Gesundheitsamt im Landkreis Ravensburg eine ganze Reihe von Hausbrunnen, die den hygienischen Anforderungen nicht entsprachen. Das lag vor allem am Güllen der Wiesen in der Nähe der Wasserstellen. Außerdem fehlten oftmals Schutzzonen rund um die Quellfassungen. Für solche Höfe hatte das Gesundheitsamt eine ganze Reihe von Maßnahmen verordnet: Wasser, das mit Lebensmitteln in Berührung kam, war abzukochen. Räume, Geräte und Einrichtungen für Lebensmittel – Milchküchen oder Spülsteine etwa – durften nur mit vorher abgekochtem Wasser geputzt werden. Außerdem bestand das Amt auf Warnschilder mit dem Hinweis „Kein Trinkwasser" an öffentlich zugänglichen Wasserstel-

Die Anfänge der modernen Spüle: Dieser Terrazzo-Spülstein aus den 1950er Jahren steht im Haus Häusing im Bauernhaus-Museum Wolfegg. Es gibt zwar einen Ausguss, aber noch keinen Zufluss für das Frischwasser.

len. In solchen Fällen konnte nur der Anschluss an die allgemeine Wasserversorgung, die Sanierung der Quellfassung oder ein tieferer Brunnen die Wasserqualität langfristig bessern.

Ums Wasser schart sich alles

Dreh- und Angelpunkt auf einem Hof war bis weit in das 19. Jahrhundert hinein die Küche: Dort war es warm, dort hatten die Magd oder die Bäuerin zu tun, dort wurde gekocht und gegessen. Doch von Komfort keine Spur: Einen Abfluss im heutigen Sinne gab es lange Zeit nicht, das verbrauchte Wasser wurde einfach aus der Tür vors Haus gekippt. Erst später – allmählich zu Beginn des 20. Jahrhunderts – hielt der **Schüttstein** oder **Spülstein** Einzug.

Dieser Stein hatte zunächst einen Ausguss, der das Schmutzwasser über ein Loch in der Wand nach draußen leitete. Neben dem „Schütt-

Pumpbrunnen über einer Brunnenstube im Hof Reisch, Bauernhaus-Museum Wolfegg.

Die Wasserversorgung im Hof Reisch

Im Bauernhaus-Museum Wolfegg kann man den Hof Reisch besichtigen. Dieser Eindachhof war der größte Hof an seinem ehemaligen Standort in Danketsweiler bei Horgenzell. Bereits im Jahr 1854 hatten die Besitzer einen Pumpbrunnen in der Küche, wie aus der entsprechenden Hausbeschreibung im Güterbuch hervorgeht. Daneben gab es außerhalb des Gebäudes auf dem Hof einen Laufbrunnen, an dem das Vieh getränkt wurde. Die Brunnen wurden aus der Quelle mit Wasser versorgt, die auch den öffentlichen Gemeindebrunnen speiste.

Unter der Küche des Hofs Reisch lag eine Brunnenstube, und in der Küche neben dem Herd stand die Schwengelpumpe – das Wasser kam also direkt in die Küche, wo es gebraucht wurde. Neben der Pumpe stand eine Wasserbank: Hier wurde in einer „Holzgelte" – einem Bottich – Wasser aufbewahrt, um nicht für jeden benötigten Tropfen gleich wieder pumpen zu müssen.

Erst um 1940 kam ein Spülstein ins Haus, von dem aus das Abwasser über ein Loch in der Außenwand auf den Hof plätscherte. Kurz darauf wurde eine Hofwasserleitung installiert, über die das Wasser vom hofeigenen Brunnen ins Haus geführt wurde – die Pumpe in der Küche hatte damit ausgedient. Dies war jedoch die letzte größere Modernisierung im Haus Reisch. Ein Einbau eines Bades oder einer Toilette erfolgte nicht mehr.

stein" stand, als es noch kein fließendes Wasser gab, eine Wasserbank für die Wassereimer. Ging der Vorrat zur Neige, musste neues Wasser vom Brunnen herangeschleppt werden. Das war Arbeit der Bäuerin oder der Magd – und eine ihrer größten Belastungen.

Ein Wasseranschluss im Haus war für sie eine ungeheure Erleichterung! Und als der installiert wurde, kam er natürlich in die Küche an den Schüttstein, und deshalb erfolgten nun dort sämtliche Arbeiten, bei denen Wasser benötigt wurde: Kochen, Spülen, aber auch das Reinigen der Milchkannen und des Melkgeschirrs. Nicht zuletzt wuschen sich die Hofbewohner wohl selber abends dort. Zwar gab es in den Schlafstuben Waschtische mit Marmorplatten, auf denen Wasserschüsseln und -krüge standen. Da man sich dort aber nicht richtig waschen konnte, war auch in punkto Körperpflege die Küche das Zimmer der Wahl.

Die Spülmaschine ergänzt die Spüle

In den 1950er Jahren setzten sich auf dem Land allmählich die Einbauküchen durch. Die Spülsteine, die inzwischen einen Wasserhahn hatten, wurden durch Edelstahl- oder Keramikspülen abgelöst, wie wir sie heute kennen.

Heute wird in den meisten Haushalten die Spüle von einer Spülmaschine ergänzt; die Spüle ganz zu verdrängen, wird der Spülmaschine jedoch nicht gelingen, denn längst nicht alles Geschirr kann in die Maschine. Vor allem sperrige Teile wie Backbleche oder große Töpfe müssen weiterhin von Hand gespült werden. Und ohne Spüle kein gewaschenes Obst, keine abgegossenen Spätzle. Und natürlich holt man das Wasser von der Spüle, wenn man sich einen Tee kochen möchte. Wie wunderbar ist es dann, wenn das Wasser einfach fließt. Es sei denn, die Wasserleitung wird gerade repariert …

Vom tiefen Keller zum Tiefkühler

Odenwälder Freilandmuseum Walldürn-Gottersdorf

Wie im Paradies kämen sich unsere Groß- und Urgroßeltern wahrscheinlich vor, wagten sie heute einen Blick in unsere Kühlschränke: Lebensmittel über einen langen Zeitraum hinweg frisch und unverdorben zu erhalten, musste in ihren Augen wie Zauberei erscheinen. Ebenso unvorstellbar war noch bis Mitte des 20. Jahrhunderts, Obst und Gemüse das ganze Jahr über frisch kaufen zu können.

Sauerkraut, Mietenrüben und Hutzelobst

Das Dilemma unserer Vorfahren bestand darin, dass „... die Natur, der wir die Nahrungsmittel zu entnehmen gezwungen sind, ... nicht alle, deren wir bedürfen, zu jeder Zeit darbietet." So beschreibt es ein Lehrbuch über die Frischhaltung von Nahrungsmitteln aus dem Jahr 1916 (Weck, 1916).

Gemüse und Obst gab es also nur kurz im Jahr frisch und in Hülle und Fülle, das war im Sommer und im Herbst. Dann konnte die Bäuerin – vorausgesetzt, die Ernte war gut ausgefallen – aus dem Vollen schöpfen und für die Zeiten Vorsorge treffen, in denen draußen nichts wuchs: Es galt also, möglichst viele Nahrungsmittel haltbar zu machen, um den Winter zu überstehen. Die **Konservierung** und **sachgerechte Lagerung** der Vorräte war für die Bäuerin und ihre Familie von existenzieller Bedeutung. Viel Arbeit und Mühe wurde hier aufgeboten – oftmals vergebens. Jahrhunderte lang kämpften die Bäuerinnen mit verdorbenem Gemüse, mit Mäusen im Speck und Motten im Mehl. Um den Verlust so gering wie möglich zu halten, trockneten die Hausfrauen die Lebensmittel, dörrten und säuerten, pökelten und salzten sie oder legten sie ein.

Keller unten und oben

Die haltbar gemachten Lebensmittel waren sodann an einem geeigneten Ort aufzubewahren – und zwar im kühlen, dunklen Keller. Jeder bäuerliche Haushalt verfügte ganz selbstverständlich über einen solchen Raum. In manchen Bauernhäusern – im Odenwälder Freilandmuseum gibt es Beispiele – waren diese Keller übrigens nicht unterirdisch angelegt. Sie waren sozusagen das Erdgeschoss des Bauernhauses, und die Familie wohnte im ersten Stock. Der Keller hatte meist einen offenen Boden und nur kleine, unverglaste Fensterlöcher – die „Keller-lichter".

Er diente zur Aufnahme all dessen, was aufbewahrt, frisch gehalten, oder im Winter vor Frost geschützt werden musste. Nicht alle Keller waren jedoch frostfrei: Um zu isolieren, verstopften die Bauern ihre Kellerlichter im Winter mit Stroh, und die undichte Kellertür gleich mit dazu.

Doppelter Keller hält besser

Die Keller in den Odenwälder Bauernhö-fen waren nicht selten baulich zweige-teilt: In den feucht-kühlen Teil kamen die Rüben und insbesondere die Kartoffeln, die seit dem 19. Jahrhundert zu einem Hauptnahrungsmittel der ländlichen

Mostfässer im Keller im Odenwälder Freilandmu-seum.

Bevölkerung geworden waren. Ebenso fand hier das – in Naturkellern mit offenem Boden eingeschlagene – Wintergemüse Platz. Daneben standen auch die Fässer und Töpfe, in denen Salzbohnen, Sauerkraut oder Pökel-fleisch aufbewahrt wurden.

Im anderen Kellerteil, der idealerweise trocken war, standen die Horden (= Regale) für das getrocknete und frische Obst. Von der Decke hing die „Brothenke" – ein Brett, in das die Brote eingelegt wurden, das die Bäue-rinnen in den Haus- und Gemeindebacköfen auf mehrere Wochen im Vor-rat buken, und das so vor Mäusefraß geschützt war. Als das Einkochen in den 1920er Jahren auch auf dem Land Schule machte, kamen in diesem Keller die Regale mit den „Weck-Gläsern" hinzu. Im Odenwald standen im trockenen Keller auch die Mostfässer.

Winterkälte für den Sommer gebunkert

Vor allem die Städter, deren Wohnungen keine Keller hatten, waren froh, als schon in der zweiten Hälfte des 19. Jahrhunderts der sogenannte „**Eis-kasten**" erfunden wurde. Dieser hölzerne Kasten war innen mit Zinkblech ausgeschlagen. In den oberen Teil füllte man Eis. Unten war das Speise-fach mit Rosten – die Lebensmittel lagen in der kalten Luft, die nach unten fiel.

Der Fortschritt machte aber vor diesem Zinkkasten nicht Halt. Ein technisch etwas ausgereifterer Eisschrank folgte: Er hatte rechts und links je einen Kühlraum mit zwei Rosten; in der Mitte lag der Eiskasten,

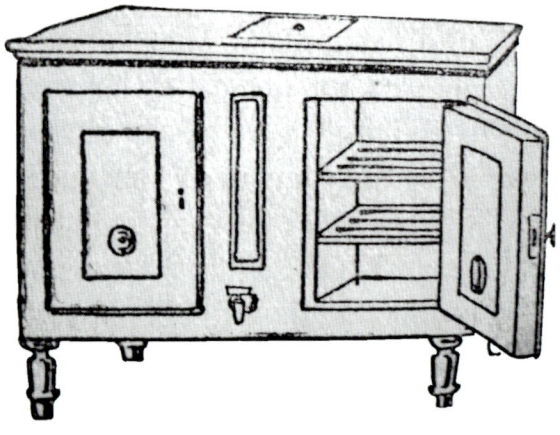

*Zeichnung eines Eiskastens
(aus: Erhardt/Mathis, 1914).*

der vollständig mit zerstückeltem Eis zu füllen war. Damit das Eis länger hielt, sollte es in ein grobes Sackleinen gefüllt werden. Im Odenwälder Freilandmuseum ist ein solcher Schrank noch zu sehen.

Doch diese Technik hatte Tücken: Immer wieder wird in Beschreibungen davor gewarnt, die Nahrungsmittel direkt mit dem Eis in Kontakt zu bringen. Schließlich wurde das Eis damals im Winter als Natureis aus Seen gebrochen und in großen Blöcken in Eiskellern gelagert. Es galt als bakteriell verseucht und äußerst unhygienisch.

Auch auf dem Land zogen hier und dort solche ersten **Eisschränke** ein. Aber im Großen und Ganzen reichte noch bis in die Mitte des 20. Jahrhunderts hinein der in jedem Bauernhaus vorhandene **Naturkeller**. In der Stadt allerdings ließ sich die Entwicklung nicht mehr aufhalten: Geräte, die mit Gas oder manchmal sogar mit Petroleum betrieben wurden, wurden nach und nach durch elektrische Kühlschränke ersetzt.

Wirtschaftswunder Gefriertruhe: Eiscreme für jedermann

Das Kühlen, sei es im Keller oder im Kühlschrank, verlängerte die Haltbarkeit der Lebensmittel bereits entscheidend. Dennoch: Unter Null Grad Celsius – also unter den Gefrierpunkt – schaffte es keines der Geräte. Tiefkühlkost gab es erst, als in den 1950er Jahren die Kompressoren erfunden wurden. Nun gab es endlich Geräte – zunächst für breite Bevölkerungsteile nur als Gemeinschaftsgefrieranlagen – in denen sich Fleisch oder Gemüse über Monate frisch hielten, und das auch noch ohne nennenswerten Verlust an Aussehen und Vitaminen. Schließlich ist die Technik des Eingefrierens bis heute die schonendste Haltbarkeitsmethode überhaupt.

Salzbohne ade!

Die Gefriertruhe war ein revolutionärer Fortschritt, von dem unsere Großmütter heute noch schwärmen. Denn mit dem Einzug der neuen Geräte konnte auf die althergebrachten Konservierungsmethoden verzichtet werden, die die Nahrungsmittel im Geschmack doch zum Teil stark beein-

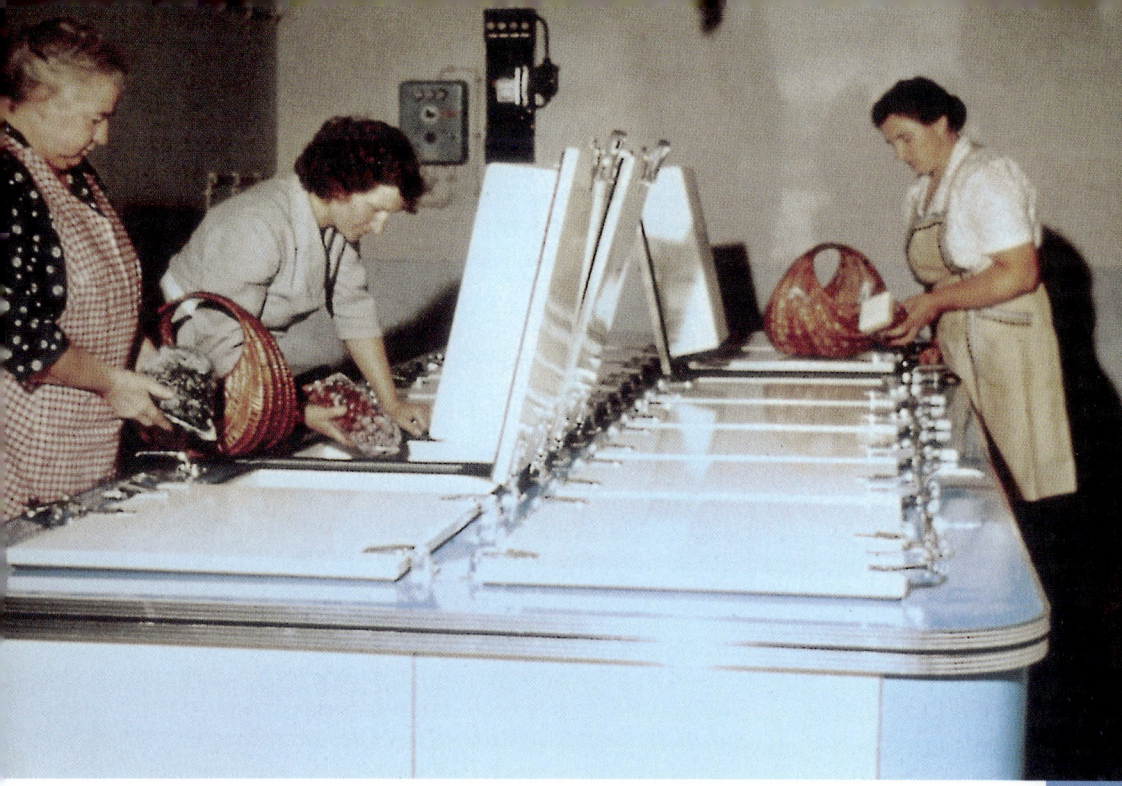

trächtigten. Salzbohnen etwa sind aufwändig in der Herstellung und Verarbeitung und zweifelhaft im Geschmack.

Ein langer Weg, der da zurückgelegt wurde – von der Ausnutzung des Klimas und der Kellerarchitektur bis zur künstlichen Erzeugung von Kälte direkt in der Küche. Und selbst heute ist der Kühlschrank unverzichtbar geblieben, obwohl Lebensmittel fast rund um die Uhr und überall frisch eingekauft werden können. Wo früher im Winter eingelegtes Gemüse gegessen wurde, kommt es heute frisch auf den Tisch. Wo Apfelmus und Pflaumenmus den Fruchthunger in der kalten Jahreszeit stillten, ist es heute das frische Obst, das wir jederzeit genießen können. Und seit auch Gefriertruhen zum Allgemeingut gehören, erobert das Tiefkühlessen unsere Speisekarte.

Die Gemeinschaftsgefrieranlagen waren in den 1950er Jahren eine große Erleichterung für die Landfrauen (aus „Zöpfe ab, Hosen an", 2002).

Vom Elektroherd, der die ländliche Küche erobert

Oberschwäbisches Museumsdorf Kürnbach

Ist Ihre Küche auch mit Elektroherd ausgestattet? Topf drauf, Schalter aufdrehen, und dann wird's warm? Das „Schalter drehen" war für unsere Urgroßmütter keine Selbstverständlichkeit. Vor allem nicht, wenn sie auf dem Land lebten.

Das Bügeleisen ebnet dem Strom den Weg

Wagemutige oberschwäbische Strompioniere hatten schon in den 1890er Jahren erste Elektrizitätswerke gebaut, und es dauerte nicht lange, bis weitere folgten: 1900 gab es allein im südwürttembergischen Donaukreis 31 Stromwerke. Stromkunden gab es vor allen in den Städten, dort machte die Elektrifizierung gute Fortschritte. Auf dem Land war das freilich anders: Noch 1913 hatte kaum die Hälfte der Haushalte und Höfe Strom. Und auch wenn der Hof am Netz war, wurde der Strom vor allem für Maschinen und Beleuchtung im Hof genutzt, selten für den Haushalt. Das elektrische Bügeleisen war wohl das erste Gerät, das die Hausfrauen von den Segnungen der neuen Technik am meisten überzeugte, denn es war schon früh weit verbreitet. Kein Wunder – wer einmal mit heißen Kohlen plätten musste, der weiß, wie komfortabel das elektrische Gerät im Vergleich dazu ist.

Auf dem Land bleibt's lange dunkel

Trotzdem weitete sich das Netz der Überlandkabel auf dem oberschwäbischen Land nur zögerlich aus. Erst in den 1930er Jahren erreichten die Leitungen die kleinen Weiler Württembergs, und noch bis in die 1940er Jahre gab es in Oberschwaben ein Stadt-Land-Gefälle, was den Strombedarf anbetraf. So ist es nicht verwunderlich, dass die 1909 in Ravensburg gegründeten **Oberschwäbischen Elektrizitätswerke** (OEW) nach dem Zweiten Weltkrieg vor allem die Hausfrauen auf dem Land umwarben. Zwar hatte der Strom seinen Siegeszug in die Wirtschaftsgebäude schon angetreten – Beleuchtung und Geräte der Höfe waren nun fast überall elektrisch. In die Haushalte war er aber noch nicht flächendeckend vorgedrungen. Denn Bügeleisen hin oder her: Strom war ein kostspieliges Vergnügen, und wenn auch die Strompreise gesenkt wurden, konnten sich

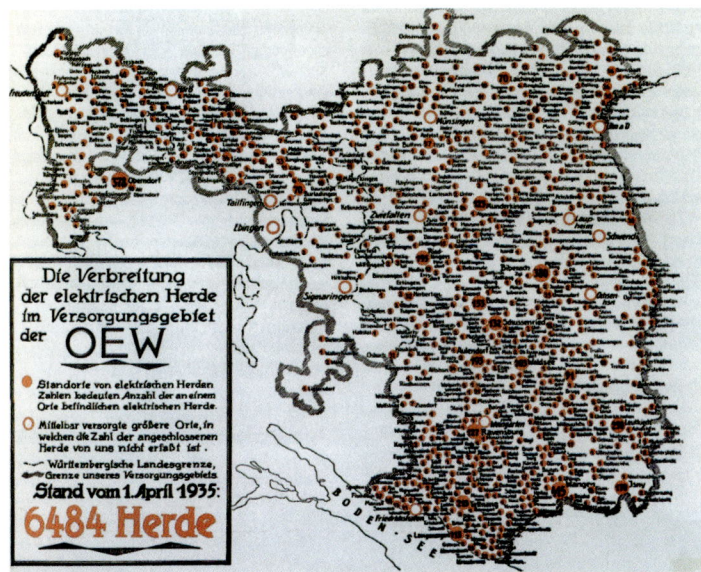

Die Verbreitung elektrischer Herde im OEW-Versorgungsgebiet um 1935 (aus: Bauernhaus-Museum Wolfegg, Landfrau, so geht's leichter, Wolfegg 1994, S.21; Quelle: EVS-Zentralarchiv Stuttgart).

viele die teuren Geräte nicht leisten. Dörfliche Gemeinschaftsanlagen fingen zunächst den Bedarf auf. So gab es öffentliche Gefrieranlagen für alle, die sich keine eigene Truhe leisten konnten. In den 1960er Jahren wurden die oberschwäbischen Küchen aber nach und nach „elektrifiziert". Es war damals neben der Glühbirne wohl vor allem der Elektroherd, der Strom zum unverzichtbaren Bestandteil der Küchen machte.

Der Elektroherd erobert die ländliche Küche

Kochen trieb einem den Schweiß auf die Stirn. Kochen machte Hände, Schürze und Küche schmutzig. Und dicke Brandblasen. Und wenn man gerade so richtig am Herumfuhrwerken war mit Holzscheiten, der Glut, den Herdringen und dem Sonntagsbraten – dann kochte das Wasser im Schiff, dem Wasserbehälter an der Seite des Herdes. Mit anderen Worten: Kochen auf den Holz-Kohle-Herden war schweißtreibende Schwerstarbeit. Und außerdem richtig diffizil: Die Koch- und vor allem die Back-Temperatur war schwerfällig zu regeln, die gusseisernen Töpfe glühend heiß und bleischwer. Und am Schluss musste die Asche weggeräumt, die Kochstelle gereinigt, die Küche gefegt werden. Wer schon einmal versucht hat, einen schwarz verrußten Topf zu spülen, der im Feuer hing, der weiß, wie mühsam und unschön das ist. So ist es nicht verwunderlich, dass findige Köpfe mit Hilfe neuer Energiequellen wie Gas oder Elektrizität Abhilfe schaffen wollten.

Werbung für einen elektrischen AEG-Herd aus den 1930er Jahren
(aus: Alles elektrisch – 100 Jahre AEG Hausgeräte, Nürnberg 1987, S.23. Quelle: AEG-Hausgeräte, Nürnberg (Firmenarchiv).

Bereits 1886 kamen die ersten elektrischen Kochplatten heraus, die sich aber nicht durchsetzten, denn sie funktionierten nicht richtig und waren sehr teuer. 1893 wurde auf der Weltausstellung in Chicago der erste komplette Elektroherd vorgestellt. Bis zur ausgereiften elektrischen Kochplatte dauerte es dann noch weitere 30 Jahre. In den 1920/30er Jahren standen Zwei-Platten-Kocher meist als Zusatzgeräte neben den herkömmlichen Herden.

Lehrgang für den Strom

Die Strom-Unternehmer ließen nichts unversucht, um einen Absatzmarkt zu schaffen: Seit den 1930er Jahren warben sie massiv für das elektrische Kochen. In Zusammenarbeit mit den staatlichen Wirtschafts- und Haushaltsberaterinnen des Reichsnährstandes zogen sie durch den ländlichen Raum, hielten Vorträge und führten das „elektrische Kochen" vor. Sauberkeit, Sparsamkeit, einfache Handhabung der Temperaturregelung, dadurch schnelles und unkompliziertes Erwärmen auch geringer Mengen, und vor allem die Arbeitsentlastung – alles sprach für den Elektroherd. Aber er war teuer! 1935 besaß erst jeder zehnte Haushalt im damaligen Versorgungsgebiet der OEW einen Elektroherd.

Bevor die Elektroherde ihren Siegeszug in den Küchen halten konnten, brach der Zweite Weltkrieg aus. Erst danach, in den 1950er Jahren, setzte sich das elektrische Kochen endgültig durch. Die zukünftigen Hausfrauen lernten nun bereits in den Hauswirtschafts- und Landwirtschaftsschulen elektrische Herde kennen.

Der wirtschaftliche Aufschwung tat ein Übriges: Ein energiesparender, sauberer, ungefährlicher und vor allem wesentlich bequemerer Elektroherd stand nun neben dem alten Holz-Kohle-Herd. Auch wenn das „alte Trumm" mit dem rußigen Ofenrohr vorerst – vor allem im Winter – immer wieder angefeuert wurde, hatte sein letztes Stündlein geschlagen, als Einbauküchen auf dem Land modern wurden. Fliesen, Emaille und Edelstahl waren heller, moderner und leichter zu reinigen – die neuen, rauchfreien Küchen sahen völlig anders aus als ihre Vorgänger (siehe Seiten 6, 13).

Ruß ade!

Auch wenn Nostalgie-Fans heute den urigen, dunklen Bauernküchen mit dem Rauchgeruch nachweinen, hat sich für die Hausfrauen doch viel zum Vorteil verändert: Die Küche ist nun ein zweckmäßig eingerichteter, heller, luftiger, mit Wasseranschluss versehener Raum, möglichst auch mit Nebenräumen – ganz im Sinne der Hygieniker und Wirtschaftstheoretiker, die schon Ende des 19. Jahrhunderts genau dafür plädiert hatten.

Mit Einführung der Elektrizität bevölkerte bald auch eine Reihe kleiner Helfer die Küche. Heute kann kaum mehr auf sie verzichtet werden: Rührgerät und Kaffeemaschine, Wasserkocher und Mixer lösten die bis dahin mechanisch betriebenen Geräte wie Rührbesen, Fleischwolf und Kaffeefilter ab. Auch der Kühlschrank wurde zu einem wichtigen Möbelstück: Er ermöglichte eine hygienische Konservierung von Lebensmitteln und ersetzte teilweise Speisekammer oder Vorratskeller.

Schussenrieds erster Elektroherd der Marke GEA im Haus der Familie Bitterle.

Schussenrieds erster Elektroherd

Erst seit wenigen Jahren kann das Oberschwäbische Museumsdorf den wahrscheinlich ersten elektrischen Herd präsentieren, der in Schussenried in Betrieb war. Ab 1930 kochte Theresia Bitterle auf ihm, die Frau des Strom-Pioniers Nepomuk Bitterle (1878–1941). Der gelernte Zimmermann war der erste, der sich in Schussenried mit Strom beschäftigte und die umliegenden Dörfer damit versorgte. Er baute um 1900 ein kleines Elektrizitätswerk in der Ziegelweiherstraße in Schussenried, das er mit einem Arbeiter zusammen betrieb. Mit Koks erzeugten sie Gas und daraus dann Strom. Die notwendigen Stromleitungen verlegten die Männer selbst. Zum Abschluss der Elektrifizierung jedes Dorfes wurde ein „Lichterfest" gefeiert – die moderne Zeit hatte in Schussenried und Umgebung Einzug gehalten.

1915 verkaufte Bitterle sein kleines Elektrizitätswerk an die OEW. Er wurde dort angestellt und verlegte weiterhin die elektrischen Leitungen. Seine Frau Theresia (1885–1965), später dann seine Tochter Maria, lasen den Strom ab, schrieben die Ablesezettel und die Rechnungen, kassierten das Stromgeld und schickten es nach Biberach. Außerdem machte Theresia Bitterle auf jenem ersten elektrischen Herd Kochvorführungen, damit sich die Leute elektrische Geräte anschafften und Bitterles ihren Strom verkaufen konnten.

Diese Strategie setzten sie auch nach dem Verkauf ihres E-Werkes fort. Theresia Bitterle selbst besaß für die damalige Zeit bereits relativ viele elektrische Geräte, beispielsweise einen Boiler und einen Wasserkocher, in dem sie den Schoppen für die Kinder warm machte.

Der Hof Laternser steht „unter Strom"

Der Hof Laternser, der heute im Museumsdorf Kürnbach steht, wurde zu Beginn des Jahres 1921 an das elektrische Stromnetz angeschlossen. Dazu bedurfte es einiger Vorbereitungen: Am 22.12.1920 genehmigte die zuständige Abteilung für Straßen- und Wasserbau im württembergischen Innenministerium für den Weiler Meßhausen, Gemeinde Blitzenreute, Oberamt Ravensburg (dem ursprünglichen Standort), den Stromnetzanschluss. Das Netz gehörte zum Elektrizitätswerk Gebrüder Müller in Mochenwangen – einem der kleineren privaten Energieversorgungsunternehmen.

Im Hof Laternser ging es dann sofort los: Der damalige Hofbesitzer, Anton Laternser, war recht fortschrittlich eingestellt und schaffte sich bald elektrisch angetriebene Maschinen an. Auch in der Küche stand schon in den 1930er Jahren ein elektrischer Drei-Platten-Herd mit Back-

röhre. Dennoch wollte die Hausfrau auf ihren Holz-Kohle-Herd nicht verzichten, so dass beide Kochmöglichkeiten parallel genutzt wurden. In der
Statistik aus dem Jahre 1935 werden für Meßhausen nur zwei elektrische
Herde genannt – einer davon der im Hof Laternser. Am erstaunlichsten ist
jedoch, dass dort auch ein großer, elektrischer Brotbackofen stand. Wahrscheinlich wurde er noch vor dem Zweiten Weltkrieg angeschafft. In ihm
konnte die Hausfrau bis zu sechs große Brotlaibe auf einmal backen – bei
einem Haushalt von acht bis zehn Personen durchaus eine lohnenswerte
und zeitsparende Anschaffung. Die Hausfrau kam so – rund zwei Jahrzehnte früher als so manche andere Bauersfrau – in den Genuss moderner
Koch- und Backtechnik.

Elektrisches Licht wurde auf dem Hof Laternser übrigens erst in den
1930er Jahren installiert. Der Hof Laternser ist im Museum im Zeitschnitt
der 1940er Jahre eingerichtet und zeigt daher die Küche noch mit beiden
Herden – dem Holz-Kohle-Herd und gleich daneben den elektrischen Drei-
Platten-Herd mit der Backröhre und zusätzlich den großen elektrischen
Brotbackofen.

Die Küche im Haus Laternser im Oberschwäbischen Museumsdorf Kürnbach: Links der Holz-Kohle-Herd und rechts der Elektroherd.

Rezepte und mehr...

Bei den **Rezepten** werden
folgende Abkürzungen
verwendet:
EL   = Esslöffel
Msp. = Messerspitze
Pck. = Päckchen
TL   = Teelöffel

Topinambur – flüssig und fest ein Genuss

Wer hätte das gedacht: Die Topinamburknolle hat als Grundnahrungsmittel in Deutschland eine längere Tradition als die Kartoffel. Erst Mitte des 18. Jahrhunderts wurde sie von der Kartoffel verdrängt. Heute ist sie in Deutschland fast vergessen; kleine Anbaugebiete finden sich in Baden und in Niedersachsen. Das Freilichtmuseum Beuren im Kreis Esslingen betreibt einen Zuchtacker mit mehreren weißen und roten Sorten, um diese einst wichtige Nahrungs- und Futterpflanze wieder bekannter zu machen.

Die Knollen können sowohl gedünstet als auch gebacken, gebraten und roh verarbeitet werden. Topinambur wird mancherorts auch in flüssiger Form geschätzt, besonders in Baden ist das Destillat aus der Knolle als Verdauungsschnaps beliebt und als regionale Spezialität bekannt.

Knollige Sonnenblume

Die botanische Bezeichnung von Topinambur ist *Helianthus tuberosus*. Die mehrjährige Pflanze gehört zur Familie der Korbblütler: Sie ist mit der Sonnenblume verwandt, bildet aber große, essbare Knollen. Die Pflanze ist auch unter den Namen Erdapfel, Grundbirne, Jerusalem-Artischocke oder Zuckerkartoffel bekannt. Sie wird auch als „Knollige Sonnenblume" bezeichnet. In Baden nennt man sie außerdem Rossapfel, weil Knollen und Blätter einst als Viehfutter verwendet wurden. Heute firmiert Topinambur auch als „Diabetikerkartoffel", weil die Pflanze Inulin – nicht zu verwechseln mit Insulin – beinhaltet, das in den für Diabetiker verträglichen Fruchtzucker aufgespalten wird. Damit bleibt der Blutzuckerspiegel unangetastet.

Die Pflanze ist vielseitig verwendbar. Die grünen Stängel dienen als Viehfutter, die getrockneten Stängel als Brennstoff. Außerdem kann die zwei bis drei Meter hoch wachsende Pflanze mit ihren kräftigen Blättern und den hübschen gelben Blüten von Juli bis November als Sichtschutz dienen.

Fürstenspeise und Armeleuteessen

Die Heimat der Topinamburknolle ist Amerika. Sie wurde schon von den Indianern kultiviert und als Nahrungsmittel geschätzt. Vor rund 400 Jahren brachten Seefahrer die Pflanze nach Europa. Im Jahr 1617 wurde Topinambur erstmals in Europa nachweislich erwähnt.

Knollige Sonnenblume oder Diabetikerkartoffel: Topinambur ist vielseitig verwendbar, ob als ganze Pflanze oder als Knolle, als Sichtschutz oder Verdauungsschnaps.

Topinambur wurde anfangs als Delikatesse an europäischen Fürstenhöfen gegessen und erschien dann in Notzeiten – beispielsweise im Dreißigjährigen Krieg (1618–1648) – auf dem Speiseplan des Volkes. Dadurch erhielt Topinambur auch den Stempel des „Armeleuteessens". Mitte des 18. Jahrhunderts wurde Topinambur durch den steigenden Anbau der formschöneren, feiner schmeckenden und lagerfähigeren Kartoffel verdrängt.

So findet man im Brockhaus-Lexikon aus dem Jahr 1894 unter dem Stichwort „Helianthus" (Sonnenblumen) nur eine kurze Information zu *Helianthus tuberosus*, die besagt, dass sie als Viehfutter genutzt wird. „Die Pflanze gedeiht selbst noch im schlechten Boden und ist winterhart." Ein Hinweis auf die Verwendung als Nahrungsmittel fehlt völlig.

Im „Praktischen Kochbuch für die gewöhnliche und feinere Küche" von Henriette Davidis lesen wir in der Ausgabe von 1911: „Sie war der eigentliche Vorläufer der Kartoffel, welche sie vollständig verdrängte. 1618 wurde sie aus Brasilien nach England gebracht und fand von dort ihren Weg zu uns über Frankreich; in diesen Ländern zählt sie bis heute zu den Bestandteilen einer feineren Küche, während ihr in Deutschland dies mit Unrecht versagt wird."

Tolle Knolle – feine Leckereien

Die Knollen haben eine unregelmäßige Form, tiefe „Augen" und eine dünne Schale. Sie müssen nicht unbedingt geschält werden, kräftiges Abwaschen und Bürsten reicht aus. Die Knollen sollten kurz nach der Ernte zubereitet werden, da sie nur wenige Tage an einem kühlen Ort haltbar sind.

Ein Vorteil: Die Knollen sind winterhart und können daher auch in der kalten Jahreszeit geerntet und frisch verzehrt werden.

Zur Zubereitung

Henriette Davidis gibt in ihrem Kochbuch Tipps für die Zubereitung, die heute noch gültig sind: „Die Knollen werden wie die Kartoffeln geschält, manche belassen auch die Haut, welche sie nur leicht mit einem Tuche abreiben; die Frucht soll auf diese Weise wohlschmeckender werden. Darauf legt man sie eine kleine Weile in kaltes Wasser, welches mit etwas Essig leicht gesäuert wird. Sie werden dann in nicht zu stark gesalzenem Wasser weichgekocht, was in etwa 20–25 Minuten der Fall sein dürfte; man kann sie, in Scheiben geschnitten, entweder in Ragouts geben, oder man legt sie in Butter- oder Rahmsauce; auch als Salat schmecken sie vorzüglich. Weiter werden sie in Backteig eingetaucht und in heißem Fett schön gelb gebacken. Beilage zu beliebigem gebratenem Fleisch."

Tipp: Wird Topinambur roh zubereitet, dann ist der Einsatz von Zitronensaft wichtig, um das Braunwerden zu vermeiden.

Topi-Suppe

Zutaten für 4 Personen:

- 600 g Topinambur
- 1 kleine Stange Lauch
- 1 Scheibe Brot
- 1 Zwiebel
- 1 Knoblauchzehe, gepresst
- Butter
- Salz, Muskatnuss

So wird's gemacht:

1. Die Topinamburknollen waschen und bürsten, anschließend grob raspeln.
2. Die Butter im Topf schmelzen, die gehackte Zwiebel und den Topinambur etwa 10 Minuten darin dünsten.
3. Mit einem Liter Wasser ablöschen und mit Knoblauch, Salz und Muskatnuss würzen.
4. Eine Scheibe Brot dazu geben und etwa 20 Minuten kochen lassen.
5. Die Suppe mit dem Schneebesen cremig rühren und den fein geschnittenen Lauch zugeben. Nochmals 5 Minuten kochen lassen.

Editas Topinambur-Kräuter-Süppchen

Zutaten für 4 Personen:

- 500 g Topinambur
- 2–3 Kartoffeln oder Karotten
- frische Kräuter
- (z. B. Rosmarin, Salbei oder Thymian)

 1 l Milch
60 g Butter
       Salz
       Pfeffer
       Muskatnuss
       Zitronensaft, frisch gepresst

So wird's gemacht:
1. Den Topinambur und die Kartoffeln in der Schale mit Salz und Kräutern kochen. Die Kräuter geben dem Gemüse ein feines Aroma und mildern den etwas strengen Geschmack.
2. Nach dem Abkühlen das Gemüse schälen, grob schneiden und in einem Liter Milch erwärmen (nicht kochen).
3. Die Masse pürieren und die Butter unterrühren. Sollte die Suppe zu dickflüssig sein, kann noch etwas Milch beigemengt werden.
4. Die Suppe mit Salz, Pfeffer, Muskatnuss und Zitronensaft abschmecken.

Tipp: Verfeinern Sie das Süppchen mit frisch gehackten Kräutern und fein geschnittenem Schinken oder Lachsstreifen. Auch Brotwürfel, in Butter geröstet und mit Knoblauchsalz und getrocknetem Oregano gewürzt, passen gut dazu.

Topinambursalat
Zutaten für 4 Personen:
500 g Topinambur
  2 EL Essig
  2 EL Süßmost
  1 EL Birnendicksaft
  2 EL Sonnenblumenöl
  4 EL Sauerrahm
          Kerbel, gehackt
          Pfeffer
 40 g Haselnüsse, grob gehackt

So wird's gemacht:
1. Essig, Süßmost, Birnendicksaft, Kerbel und Pfeffer mit dem Schneebesen verrühren. Öl und Sauerrahm hinzufügen und nochmals gut verrühren.
2. Erst jetzt den Topinambur grob raspeln und sofort mit der Salatsauce vermengen.
3. Zur Verfeinerung Haselnüsse in der Pfanne leicht anrösten und über den Salat geben. Sofort servieren.

Topinambur-Tricolor-Salat

Zutaten für 4 Personen:

300 g	Topinambur
300 g	Broccoli
300 g	Karotten
	Salz
	Kräuter (z. B. Rosmarin, Salbei oder Thymian)

Für die Marinade:

	Zitronensaft
	Öl
	Salz, Pfeffer, Zucker
1	Tomate
	Petersilie

*Topinambur-Tricolor-Salat.
Grün – weiß – rot: Ein frischer
Sommersalat in den italieni-
schen Farben.*

So wird's gemacht:
1. Topinambur und Karotten ungeschält mit Salz und Kräutern kochen.
2. Broccoli in einem separaten Topf mit wenig Wasser bissfest garen.
3. Topinambur und Karotten abkühlen lassen, schälen und in Rädchen schneiden. Broccoli in Röschen schneiden.
4. Aus frisch gepresstem Zitronensaft, Öl, Salz, Pfeffer und etwas Zucker eine Marinade zubereiten.
5. Eine Tomate enthäuten, die Kerne entfernen, das Fruchtfleisch fein hacken und mit fein geschnittener Petersilie in die Marinade geben.
6. Topinambur, Karotten und Broccoli in eine Glasschüssel geben und mit der Salatsoße anrichten.

Topinambur-Apfel-Karotten-Salat

Zutaten für 4 Personen:

300 g	Topinambur
2	Äpfel
2	Karotten
200 g	Sauerrahm
2 EL	Apfeldicksaft
1 EL	frischer Zitronensaft
1 Prise Salz, 1 Prise Zucker	
2 EL	Sonnenblumenkerne

So wird's gemacht:
1. Apfeldicksaft und Sauerrahm zu einer Marinade verrühren, mit Salz und Zucker abschmecken.
2. Karotten, Äpfel und Topinambur raspeln. Topinambur und Äpfel sofort mit Zitronensaft beträufeln, damit sie nicht braun werden.
3. Alles mit der Marinade verrühren und mit Sonnenblumenkernen garnieren.

Topinambur-Chips, roh oder frittiert

Zutaten:

Topinambur
Zitronen

So wird's gemacht:
1. Die Topinamburknollen gut waschen und kräftig bürsten, dann müssen sie nicht geschält werden.
2. In dünne Scheiben schneiden und mit Zitronensaft beträufeln. Fertig!

Tipp: Diese Chips sind eine schmackhafte Alternative zu Kartoffelchips aus der Tüte. Man kann die Scheiben auch in der Pfanne oder in der Friteuse frittieren.

Kartoffeln – Teufelszeug in aller Munde

Die Kartoffel (*Solanum tuberosum*) aus der Familie der Nachtschatten-gewächse hat in Europa eine wechselvolle Geschichte hinter sich: Im 17. Jahrhundert kam sie aus Amerika und war lange Zeit Zierpflanze in den botanischen Gärten. Im 18. Jahrhundert sahen die Fürsten in ihr einen idealen Ersatz für Getreide, bei dem immer mit Missernten zu rechnen war, so dass häufig Hungersnöte und Massenkrankheiten die Folge waren.

Aber den Bauern grauste es vor den Kartoffeln. Ihnen saß wohl der mittelalterliche Aberglaube noch im Nacken, demzufolge alles, was unter-irdisch reifte, dem Teufel nahe und damit gefährlich war. Oder ungenieß-bar, wie im Fall der Kartoffel. Denn das wussten die Bauern gut: Die Kar-toffel ist giftig. Was sie nicht wussten: Die Knollen machen eine Ausnahme.

Der listige Fritz

Preußenkönig Friedrich II (1712–1786), der im Geist der Aufklärung regierende Verfechter der Kartoffel, setzte alles daran, die gesunde Knolle unters Volk zu bringen. Er ordnete deren Anbau an und kon-trollierte eigenhändig den Erfolg. Doch auch er tat sich schwer.

Da soll er zur List gegriffen haben: Er baute die Kartoffeln selbst an und ließ die Äcker von Soldaten bewachen. Diese offenbar so wert-volle Frucht wollten die Bauern dann plötzlich auch haben, besorgten sich ein paar Knollen und bauten sie in den eigenen Gärten an.

Eine andere Geschichte erzählt gar von einem strikten Anbauverbot, das der alte Fritz erließ, und mit dem er das gewünschte Gegenteil erreichte ...

Aber nicht nur Friedrich der Große machte sich für die Kartoffel stark; viele deutsche Fürsten versuchten mit Hilfe dieser gesunden Ackerfrucht, die Versorgung ihrer Untertanen zu verbessern. Sie förderten oder ver-ordneten den Anbau und verteilten – wie im Großherzogtum Baden – kos-tenlos Saatgut. Mit Erfolg: Ein paar Jahrzehnte und etliche Hungersnöte später hatte selbst der letzte Bauer verstanden, dass man von Kartoffeln gut satt werden kann. Zu Beginn des 19. Jahrhunderts war die Kartoffel bereits Hauptnahrungsmittel auf dem Land. Und die häufigen Hungersnöte, unter denen alle deutschen Landstriche – insbesondere auch der Odenwald – gelitten hatten, waren viel seltener geworden.

In allen Variationen – leckere Rezeptideen

Heute sind Kartoffeln, auch „Grundbirnen" oder mundartlich „Krumbern" genannt, in aller Munde. Es gibt alle denkbaren Zubereitungsarten, von der einfachen Pellkartoffel bis zur Schupfnudel (siehe Seite 90ff.), von der Kartoffelsuppe bis zum Kartoffelpuffer, um nur einige zu nennen. Und was hätte der „Alte Fritz" wohl gedacht, wenn er Fritten oder Kroketten vorgesetzt bekommen hätte?

Zerfleddert und vergessen

Die Odenwälder Kartoffelrezepte stammen aus alten Kochbüchern aus den Jahren nach 1880. Die meist zerfledderten Bücher fanden sich zum großen Teil auf den Dachböden der aufgelassenen Gebäude, die das Odenwälder Freilandmuseum übernommen hat. Die darin beschriebenen Gerichte wurden daher mit großer Wahrscheinlichkeit in der Region gekocht.

Eine ganze Reihe von Rezepten wurde außerdem von Hand in die Bücher geschrieben oder war ihnen mit Einlegezetteln beigegeben. Diese Rezepte wurden sicher geprüft und für lecker befunden. Deshalb haben wir ihnen den Vorzug gegeben. Wir haben vor allem schlichte, sparsame Gerichte ausgewählt, die fast schon in Vergessenheit geraten sind, aber zu der kargen, ländlichen Hausmannskost des Odenwalds gepasst haben.

Übrigens: Mit handschriftlichen Rezepten erinnern die Hausfrauen – auch heute noch – an eine Zeit, in der man kaum Kochbücher kannte, und in der Rezepte von Mutter zu Tochter erst mündlich und später auch schriftlich weiter gegeben wurden.

Kartoffelsuppe
Zutaten für 4 Personen:

  4–5 mittelgroße Kartoffeln
  1¼ l Wasser
       Suppengrün
  1 TL Salz
  1 EL Fett
     1 Zwiebel oder Lauch, gewürfelt
  1 L Mehl
       einige EL Frisch- oder Sauermilch

*Kartoffelernte beim Kartoffel-
fest im Odenwälder Freilandmuseum.*

1 rohe Kartoffel, gerieben
  Schnittlauch und Petersilie, gehackt, Majoran

So wird's gemacht:
1. Die geschälten Kartoffeln in Scheiben schneiden und mit dem kalten Wasser und dem Suppengrün zusammen weich kochen und durch ein Sieb durchschlagen.
2. Aus Fett, Zwiebelwürfeln und Mehl eine helle Mehlschwitze herstellen. Die Suppe damit abschmälzen.
3. Die Milch und die roh geriebene Kartoffel dazu geben und mit Salz und Majoran abschmecken.

Tipp: Eine gute Kartoffelsuppe steht und fällt mit der Qualität der Kartoffeln – in diesem Fall mehlig kochende verwenden. Richtig sämig wird die Suppe durch die Einbrenne; für diese Kartoffelsuppe am besten eine „blonde", also bereits leicht verfärbte herstellen.

Kartoffeln in Milchtunke
Zutaten für 4 Personen:
1 ¼ l Frischmilch
 2 EL Mehl
1 ¼–2 kg gekochte Kartoffeln (auch vom Vortag)
      Salz

So wird's gemacht:
1. Das Mehl mit etwas kalter Milch anrühren.
2. Die übrige Milch zum Kochen bringen, das Teiglein einrühren und unter Rühren durchkochen lassen.
3. Die Kartoffeln in Scheiben schneiden, in die Soße geben, heiß werden lassen und abschmecken.

Tipp: Diese Mahlzeit ist einfach und gesund und verwendet das, was in Bauernhaushalten meist vorrätig war: pflanzliche Kohlenhydrate in Form der Kartoffel und tierisches Eiweiß in Form der Milch.

Kartoffelküchle

Zutaten:
> übrig gebliebener Kartoffelbrei
> Mehl, Salz, Majoran
> Fett für die Pfanne

So wird's gemacht:
1. In den Kartoffelbrei etwas Mehl, Salz und nach Geschmack Majoran geben.
2. Aus dem Teig Küchle formen.
3. Die Küchle in heißem Fett in der Pfanne auf beiden Seiten goldbraun backen.

Tipp: Die Kartoffelküchle schmecken noch besser, wenn man vor dem Braten eine Scheibe Käse in die Masse drückt und mitbraten lässt. Wer viel – und relativ festen – Kartoffelbrei übrig hat, kann den Teig auch mit einem Ei auflockern. Dann halten die Küchle auch besser zusammen. „Man kann Salat oder Obst dazu reichen", heißt es abschließend in einem alten Odenwälder Rezept.

Himmel und Erde

Zutaten für 4 Personen:
> 1¼ kg Kartoffeln
> 750 g Äpfel
> 1 klein gehackte Zwiebel
> 1 EL Fett, Zucker nach Belieben

So wird's gemacht:
1. Die Kartoffeln schälen und halb gar kochen.
2. Die Äpfel schälen, Kerngehäuse entfernen und in Stücke schneiden.
3. Äpfel und gestampfte Kartoffeln mit möglichst wenig Wasser, dafür aber etwas Fett und auf Wunsch etwas Zucker gar dünsten.
4. Zwiebel dünsten und unter die Apfel-Kartoffel-Masse geben.

Tipp: Dieses Gericht gibt es in vielen Gegenden – bekannt ist zum Beispiel die rheinische Variante mit Kartoffelbrei, Apfelmus und Blutwurst. Das Rezept fand sich auch in fast jedem Kochbuch des Odenwälder Freilandmuseums, hier allerdings – die Gegend war arm – in der vegetarischen Variante. Wer's gern deftiger, aber dennoch fleischlos mag, kann geröstete Zwiebeln dazugeben. Statt Äpfel können auch Birnen oder Zwetschgen mitgedünstet werden.

„Himmel und Erde" – Äpfel und Kartoffeln.

Gaisburger Marsch

Der berühmteste aller schwäbischen Eintöpfe darf hier natürlich nicht fehlen, der Gaisburger Marsch. Diese Zier einer jeden schwäbischen Speisekarte hieß im 19. Jahrhundert noch schlicht „Kartoffelschnitz und Spätzle" und füllte – freilich ohne Fleisch in der Brühe – die Mägen der Armen. Grundlage der Brühe bildete nicht selten das Spätzlewasser. Eine abgeschmälzte Zwiebel gab die besondere Note.

Militärgericht

Es sollen Soldaten gewesen sein, die in Stuttgart im Stadtteil Gaisburg stationiert und mit ihrer Verköstigung gar nicht zufrieden gewesen waren. So seien sie abends durch Gaisburg marschiert, um die „Bäckerschmiede" anzulaufen. Hier nämlich soll der Eintopf – mit Fleisch – in einzigartiger Zubereitung angeboten worden sein.

Eine weitere Version weiß zu berichten, den Gaisburger Frauen sei es erlaubt gewesen, ihre Männer in Kriegsgefangenschaft zu verköstigen. Alles, was sie hatten, verkochten sie und marschierten damit zu ihren Gefangenen.

Zu Ehren des Gerichtes – und seiner Entstehungslegende – feiert der genannte Stuttgarter Stadtteil übrigens einmal im Jahr ein Gaisburger-Marsch-Fest.

Gaisburger Marsch
Zutaten für 4 Personen als Hauptgericht:

500 g	Siedfleisch
1½ l	Wasser
1–2	gelbe Rüben
1	Stück Sellerie
1	kleine Lauchstange
250 g	Spätzle
250 g	Kartoffelschnitz' (gekochte, geschnittene Kartoffeln)
1 EL	Butter
1	Zwiebel
	Salz, Muskat, Schnittlauch

So wird's gemacht:
1. Das gewaschene Siedfleisch aufkochen und gegebenenfalls abschäumen. Eine Stunde leicht köcheln lassen.
2. Das klein geschnittene Gemüse zugeben.
3. Nach etwa 1½ bis 2 Stunden Fleisch und Gemüse aus der Suppe nehmen.
4. Das Fleisch würfeln und wieder in die Suppe zurückgeben.
5. Die Spätzle und die vorbereiteten Kartoffelschnitz' in die Fleischbrühe geben und darin erhitzen.
7. Mit Salz und Muskatnuss abschmecken und mit in Butter angerösteten Zwiebeln abschmälzen.
8. Mit Schnittlauch bestreuen und servieren.

Tipp: Das Gemüse kann nach Belieben entweder als Beilage gegessen oder am Schluss wieder in die Suppe gegeben werden.

Getreide – und was daraus wird

Zum Getreide im engeren Sinn zählen unter anderem Weizen, Roggen, Hafer, Gerste und Dinkel (ein Art „Urweizen"). Die Verwendungsmöglichkeiten von Getreide wurden durch die Verarbeitung des Getreides zu Mehl wesentlich vielfältiger.

Dinkel – gutes Fleisch und rechtes Blut

Hildegard von Bingen, die Benediktiner-Äbtissin aus dem 12. Jahrhundert, wusste es ganz genau: Dinkel bildet „gutes Fleisch" und „rechtes Blut" und er sorgt für Frohsinn. Die mittelalterliche Mystikerin empfahl diese „beste Körnerfrucht" auch bei Darmerkrankungen oder Herzbeschwerden.

Dinkel *(Triticum spelta)* stammt vermutlich vom Emmer ab und ist eine Züchtung, archäologisch nachgewiesen seit dem 6. vorchristlichen Jahrhundert. Er ist der Vorläufer unseres heutigen Weizens, doch bekömmlicher als dieser. Das liegt an dem Protein des Dinkels, dem Kleber, das auch diejenigen vertragen, die sonst an einer Weizen-Unverträglichkeit leiden. Dinkel hat noch weitere gute Eigenschaften: Er gedeiht durch kräftig ausgebildete Wurzeln auch auf sehr kargen Böden, und er ist enorm widerstandsfähig gegen Frost und Krankheitsbefall.

Bekömmlicher Vorläufer unseres Weizens – Dinkel stammt aus dem 6. Jahrhundert vor Christus.

Mühlen, die auch gerben

Der Ertrag des Dinkels ist jedoch wesentlich geringer als der des Weizens. Und eine weitere ungünstige Eigenschaft kommt hinzu: Das Dinkelkorn ist von einem dünnen Häutchen, dem **Spelz**, umgeben, der nicht zuletzt dafür verantwortlich ist, dass die Körner so krankheitsresistent sind. Dieser Spelz muss aber in einem Extragang der Mühle, dem sogenannten „Gerbgang", abgeschält werden. Noch heute verfügen Bauländer Mühlen über diese Besonderheit.

Kein Wunder, dass der ertragreichere Weizen den Dinkel seit dem Mittelalter allmählich verdrängte. Das Bauland, das östlich des Odenwalds hügelig zwischen Walldürn und Bad Mergentheim liegt, blieb freilich standhaft: Es ist seit vielen Jahrhunderten eines der wenigen größeren Dinkelanbaugebiete Mitteleuropas. Eine der bekanntesten Dinkelsorten heißt denn auch „Bauländer Spelz".

Im 20. Jahrhundert erlebte der Dinkelanbau im Bauland und anderen Gebieten einen ideologischen Aufschwung – die Nazis propagierten ihn in der Form von Grünkern als „deutsche" Suppeneinlage. Nach dem Zweiten Weltkrieg geriet der Dinkel dann weitgehend in Vergessenheit. In den 1980er-Jahren – Hildegard von Bingen sei Dank – wurde er jedoch wieder entdeckt. Das Interesse an einer gesunden Ernährung ließ auch die Gesundheitsregeln der gebildeten Äbtissin wieder populär wurden.

Dinkelmehl

Das Wort Dinkel oder Dinkelmehl findet sich in den Kochbüchern vor 1900 nicht. Weizen gab es damals in Deutschland noch kaum, er wuchs nur in milden Lagen, sein Mehl war entsprechend teuer und selten. Dinkel hingegen wuchs fast überall. Der Gebrauch des Dinkelmehls war daher selbstverständlich und wurde nicht eigens erwähnt. Man kann heute die Rezepte aus den alten Kochbüchern (sofern sie aus rauen Gegenden stammen) getrost so verstehen: Wo „Mehl" steht, ist Dinkelmehl gemeint. Wenn wir das heute beherzigen, haben wir das Gericht originalgetreu nachgekocht.

Rezepte, die bewusst Dinkel einsetzen, gibt es erst seit den letzten Jahrzehnten des vorigen Jahrhunderts. Der Zuschnitt auf den heutigen Geschmack zeigt sich an den meist üppigeren Zutaten. Dinkel ist empfindlich in der Bearbeitung: Das Mehl muss lange quellen und kann leicht überknetet werden. Das Gebäck wird dann trocken und hart. Bäcker mit Fingerspitzengefühl allerdings ziehen Dinkelbrote aus dem Ofen, die so locker und feucht sind, dass sie Weizenbrote leicht in den Schatten stellen.

Denn schließlich fördere Dinkel die Gesundheit in allen Lebenslagen – das wusste schon Hildegard ganz genau.

Eine Grünkerndarre im Oden-wälder Freilandmuseum.

Grünkern – veredelter Dinkel

Grünkern begegnet einem heute in jedem Supermarkt und auf jeden Fall in allen Bio-Märkten. Und dennoch wissen nur Wenige, was es mit den schmackhaften, grünen Körnern eigentlich auf sich hat. Dies ist immer wieder auf dem jährlichen „Grünkernfest" im Odenwälder Freilandmu-seum festzustellen, wenn die Produktion dieses Nahrungsmittels stau-nenden Besuchern vorgeführt wird.

Grünkern ist kein eigenständiges Getreide. Es ist vielmehr ein Verede-lungsprodukt. Gewonnen wird es aus früh geerntetem, halbreifem Dinkel. Die „milchreifen" Dinkelähren werden gleich nach der Ernte etwa drei Stunden lang – früher in feldscheunenartigen **Darrgebäuden**, heute in vollautomatisierten Großraumdarren – gedarrt, das heißt geröstet und getrocknet, bis sie olivgrün sind, und hart genug zum Mahlen.

Eines der Kerngebiete der Grünkernproduktion war und ist – neben dem Jagsttal und früher auch der Pfalz – das badische Bauland, dessen Name von „Getreideanbauland" kommt. Diese kleine, hügelige Landschaft östlich des Odenwalds gilt als „Keimzelle" des Grünkerns. Erste sichere Belege sind dort zum Beispiel in der Gegend um Tauberbischofsheim aus dem Jahre 1730 erhalten. Das Nahrungsmittel war aber ganz sicher schon früher in dieser Gegend verbreitet – im 17. Jahrhundert war Grünkern dort eine geläufige Suppeneinlage.

Der „deutsche Reis"

Dies griffen die Nazis im 20. Jahrhundert auf. Eine der Spitzenproduktionszeiten des Grünkerns in Deutschland war denn auch die dunkle Zeit des Nationalsozialismus: Ideologisiert zum „Deutschen Reis" sollte er die heimische Wirtschaft von Nahrungsmitteleinfuhren unabhängiger machen. Parallel mit der Entwicklung und dem Ansehen des Dinkels nahm die Produktion von Grünkern nach dem Zweiten Weltkrieg ebenso ab und erreichte erst wieder ab Beginn der 1980er Jahre einen Aufschwung.

Mit unreifem Getreide durch den Winter

Es ist ein düsteres Szenario, das zur „Erfindung" des Grünkerns geführt haben mag: Im rauen Bauland waren die Sommer kurz und häufig regennass. Getreide hatte da kaum Zeit zum Reifen. Und wenn der Herbst kam, und das Korn noch immer grün war, was taten die verzweifelten Bauern, den langen Hungerwinter vor Augen? Sie holten das Korn notgedrungen unreif vom Acker. Um die Körner zu retten, mussten sie künstlich getrocknet werden. Das taten die Bauern; zunächst im Holzbackofen, im 19. Jahrhundert dann in eigens erstellten feldscheunenartigen Gebäuden auf Darrwannen, unter denen Buchenholz brannte. Dass der Grünkern durch den Rauch auch besser schmeckte, war ein eher zufälliger Nebeneffekt, der dann aber ausschlaggebend für den im 19. Jahrhundert einsetzenden landwirtschaftlichen Erfolg dieses gesunden Produkts war. Schließlich entdeckten Suppenhersteller Dinkel als schmackhafte – und preisgünstige – Einlage. Überhaupt war Grünkern damals nur als Suppe bekannt.

Altes Korn neu entdeckt – Rezepte mit Dinkel und Grünkern

Erst im Zuge der „Vollkornbewegung" hat sich die Palette der Einsatzmöglichkeiten von Dinkel und Grünkern geradezu explosionsartig erweitert – selbst in die gehobene Gastronomie hat es der Grünkern mittlerweile geschafft. Die meisten Rezepte finden sich deshalb auch in modernen Kochbüchern. Die hier aufgeführten Grünkernrezepte stammen aus einer solchen Publikation. Diese gründet sich aber auf die traditionellen Quellen einer alten Grünkernproduktions-Landschaft, nämlich aus einer Rezeptsammlung der „Vereinigung fränkischer Grünkernerzeuger Boxberg e. V.".

Geröstete Mehlsupp'

Zutaten für 4 Personen:

1 EL	Fett
3 EL	(Dinkel-)Mehl
1¼ l	Wasser oder Knochenbrühe
	Suppengemüse, Kräuter
	Salz nach Belieben
	einige Brotscheiben

So wird's gemacht:

1. Das Mehl in heißem Fett braun rösten. Mit Wasser auffüllen und salzen. Einige Male aufkochen lassen.
2. Das rohe Suppengemüse und die Kräuter fein wiegen und dazugeben.
3. Die Suppe auf einem Suppenteller über Brotscheiben anrichten.

Tipp: Die Suppe können Sie mit angebratenen Speckstückchen oder geriebenem Käse anreichern. Frittierte Streifen von Roter Beete und geröstete Kümmelsamen darüber gestreut geben einen letzten Pfiff. Das Rezept ist bereits uralt, die Suppe schmeckt aber heute noch.

Geröstete Grünkernsuppe

Zutaten für 4 Personen:

40 g	Grünkernschrot
30 g	Butter
1¼ l	Brühe
1	Eigelb, Rahm nach Belieben

So wird's gemacht:

1. Den Grünkern in Butter leicht anrösten.
2. Mit Brühe ablöschen, 5 bis 10 Minuten schwach kochen lassen.
3. Nach Wunsch mit Eigelb und Rahm legieren.

Tipp: Schmeckt auch lecker mit selbst gemachten Markklößchen.

Dinkel-Nuss-Brötchen

Zutaten für 8 Brötchen:

400 g	Dinkel
1	Würfel Hefe
1 TL	Zucker
200 ml	Milch
100 g	Butter
1 TL	Meersalz
100 g	Walnüsse, geschält und gehackt
	Fett für das Blech

So wird's gemacht:

1. Den Dinkel fein mahlen.
2. Aus Hefe, Zucker und etwas warmer Milch einen Vorteig machen und in eine Kuhle im Mehl gießen.
3. Den Vorteig etwas gehen lassen und dann mit den restlichen Zutaten zu einem Teig verkneten. Der Teig sollte sich von den Händen lösen.
4. Den Teig in eine Schüssel legen und mit einem Tuch abdecken. An einem warmen Ort etwa 30 Minuten gehen lassen.
4. Ein Blech einfetten, 8 Brötchen formen, auf das Blech setzen und die Brötchen nochmals gehen lassen.
5. Bei 200 °C etwa 30 Minuten backen.

Tipp: Diese Brötchen schmecken frisch am besten! Wer Walnüsse schälen will, kann sie im Rohr oder in der Pfanne leicht anrösten und anschließend in einem Küchentuch so lange vorsichtig reiben, bis sich die Schale löst.

Grünkernsalat

Zutaten für 4 Personen (als Beilage):

250 g	ganzer Grünkern
¾ l	Brühe
2	Paprika
	frische oder saure Gurken
1	Zwiebel
2–3 EL	Kräuter
	Essig, Salz, Zucker
3 EL	Öl

So wird's gemacht:

1. Den Grünkern 20 Minuten in der Brühe kochen.
2. In einer Schüssel aus Essig, Salz, Zucker und den fein gehackten Kräutern eine Marinade anrühren.
3. Die Zwiebel fein würfeln, die Paprika und die Gurken fein schneiden. Den Grünkern und das Gemüse samt Zwiebel darin vermischen. Mindestens 2 Stunden kühl gestellt durchziehen lassen.
4. Anschließend das Öl zugeben, nochmals abschmecken und kühl servieren.

Dinkelpfannküchle mit Birnen

Zutaten für 4 Personen:

280 g	Dinkelmehl
4	Eier
400 ml	Milch
4 EL	Honig, 1 Prise Meersalz

500 g feste Birnen
Fett zum Ausbacken

So wird's gemacht:
1. Aus Mehl, Eiern, Milch, Honig und Salz einen dünnflüssigen Teig rühren. Etwa eine Stunde lang quellen lassen.
3. Die Birnen schälen, entkernen, in feine Streifen schneiden und unter den Teig mischen.
4. Den Teig löffelweise in eine Pfanne mit heißem Fett geben und von beiden Seiten knusprig braten. Sofort servieren.
Tipp: Statt Birnen kann man natürlich auch Äpfel nehmen. Dazu passt Zimtzucker und Vanillesoße.

Dinkelspätzle
Zutaten für 4 Personen:
330 g Dinkel
4 Eier
50 ml Milch
1 Prise Meersalz, 1 Prise Muskatnuss
1 EL Nussöl

So wird's gemacht:
1. Den Dinkel fein mahlen und mit den übrigen Zutaten zu einem zähflüssigen Teig verrühren – er muss reißend vom Löffel fallen.
2. In einem großen Topf reichlich Wasser zum Kochen bringen und etwas salzen. Den Teig portionsweise in eine Spätzlepresse füllen und in das sprudelnd kochende Wasser geben. Etwa 3 Minuten kochen lassen, bis die Spätzle oben schwimmen.
3. Die Spätzle abschöpfen und die nächste Portion hineinpressen.
4. Die Spätzle abtropfen lassen, etwas Öl untermischen und anrichten.
Tipp: Wer eine neue Geschmacksnote ausprobieren will, kann 50 g des Dinkels durch Grünkern oder gemahlene Nüsse ersetzen.

Grünkernküchle
Zutaten für etwa 8 Stück:
250 g Grünkernschrot
gut ½ l Wasser oder Brühe
2 Brötchen, eingeweicht
2 Eier
2 EL fein gehackte Zwiebeln
2 EL fein gehackte Petersilie
10 g Butter, Salz, Majoran, Thymian

Grünkernsalat und Grünkern-
küchle – heute aus der vege-
tarischen Küche nicht mehr
wegzudenken.

So wird's gemacht:

1. Den Grünkern in der Flüssigkeit zu einem dickem Brei kochen, abkühlen lassen.
2. Die fein gehackten Zwiebeln und die Petersilie in einer Pfanne in Butter dünsten.
3. Alle Zutaten zu einem geschmeidigem Teig kneten, mit Salz, Majoran und Thymian abschmecken. Etwas quellen lassen.
4. Mit nassen Händen Küchlein formen.
5. Die Küchlein in heißem Fett in der Pfanne nicht zu rasch braten.

Tipp: Der Teig kann mit 100 g geriebenem Käse verfeinert werden. Die Grünkernküchlein dienten früher als Fleischersatz und eignen sich auch heute hervorragend für die vegetarische Küche. Als Beilage schmeckt Gemüse oder Salat.

Rotweinkuchen mit Grünkern

Zutaten für eine große Kastenform:

250 g	Butter oder Margarine
250 g	Zucker
4	Eier
150 g	Grünkernschrot,
150 g	Grünkernmehl
1 EL	Stärkemehl
1 Pck.	Backpulver
1 TL	Zimt, 1 EL Kakao
100 g	Schokolade, geraspelt
⅛ l	Rotwein

So wird's gemacht:

1. Aus den Zutaten (außer Schokolade und Rotwein) einen Rührteig herstellen.
2. Zum Schluss den Rotwein und die geraspelte Schokolade unterheben.
3. Den Teig in eine gefettete oder mit Backpapier ausgelegte Kastenform füllen.
4. Den Kuchen bei 175 °C etwa 60 Minuten backen.

Tipp: Dieses moderne Rezept zeigt, wie enorm vielseitig Grünkern heute verwendet wird. Der Kuchen kann mit einer Handvoll abgetropfter Kirschen aus dem Glas verfeinert werden. Er schmeckt besonders gut mit geschlagener Sahne.

Spätzle – Leibgericht der Schwaben

Dass Spätzle das schwäbische Nationalgericht sind, wird niemand bezweifeln. Aber leider fehlt uns für die Spätzle eine schöne Herkunftssage, die eigentlich zu einem Nationalgericht gehört. Schon allein der Name gibt Rätsel auf: Die einen bringen die Spätzle mit dem italienischen „spezzare" (= abschneiden, schnetzeln) in Verbindung. Die anderen leiten sie von „Spatz" ab: Die Frauen hätten kleine Teigkugeln wie einen Spatz in der Hand gehalten und davon wiederum kleine Teile, also Spätzle, abgestochen. Endgültig wird man diese Frage wohl nicht mehr klären können. Fest steht nur, dass Spätzle seit Jahrhunderten die Grundlage des schwäbischen Essens bilden – und dass sie allen sagenhaft gut schmecken.

Spätzle aus Schwabenkorn

Die Ernährung in den Bauernhöfen war früher oft karg. Fleisch gab es nur an Festtagen. Eier und Milch waren oft zu kostbar für die Alltagsküche. Mehl und Wasser bildeten auch in anderen Gegenden das Fundament bäuerlicher

Landfrauen kochen Spätzle in der Museumsküche im Bauernhaus-Museum Wolfegg.

Küche. Für Spätzle wurde traditionell Dinkelmehl verwendet, denn es bestand aus dem Getreide, das in Oberschwaben wuchs – für Weizen ist die Gegend zu rau. Auch eine andere Spezialität der Schwaben, die Seelen, ein Gebäck, an das alle Exilschwaben mit Sehnsucht denken, wird traditionell aus dem „Schwabenkorn" – dem Dinkel – hergestellt.

Variationen satt

Das Spätzlegericht mit dem größten Bekanntheitsgrad heißt „Kässpätzle". Es stammt – natürlich – aus dem Allgäu. Die Spätzle (oder auch „Knöpfle") und der Allgäuer Käse gehen hier eine unwiderstehliche Verbindung ein.

Überhaupt lassen sich Spätzle immer neu variieren: Mit Kräutern kann man sie grün färben und ihnen eine neue Geschmacksrichtung geben: Für **Kräuterspätzle** einfach nach Belieben frische Kräuter unter den Teig mischen – Petersilie, Liebstöckel, Estragon, Salbei oder auch Bärlauch. Etwa 4 EL fein gehackte Kräuter auf 500 g Mehl verwenden.

Für **Spinatspätzle** nimmt man gekochten, sehr gut ausgedrückten und sehr fein geschnittenen Spinat, den man unter den Teig mischt. Mit roter Tomatensoße sehen die grünen Spätzle appetitlich aus und schmecken lecker. **Petersilienspätzle** können mit gerösteten Schinkenstreifen und Parmesan serviert werden. **Estragonspätzle** schmecken gut mit einer Senfsoße.

Geschabt oder gehobelt? – Spätzle für jeden Geschmack

Jede Gegend, vielleicht sogar jede Familie, besitzt eigene Spätzle-Rezepte und auch die Herstellung unterscheidet sich erheblich. In der Gegend um Wolfegg treffen verschiedene Varianten aufeinander: Die Zubereitung mit dem Spätzlebrett und die mit dem Spätzlehobel. Im ersten Fall wird der Teig portionsweise auf ein Brett gehäuft und dann mit festen, rhythmischen Bewegungen ins kochende Wasser geschabt. Die zweite Variante mit dem Spätzlehobel, einer Art Käsereibe für Teig, ist auch für Ungeübte und Zugezogene leicht erlernbar.

Die Spätzle sehen entsprechend unterschiedlich aus – und schmecken auch anders. Die geschabten Spätzle werden ungleichmäßig länglich; die Spätzlepresse versucht, diese Form nachzuempfinden. Die gehobelten Spätzle werden tropfenförmig und haben den sprechenden Namen „Knöpfle".

■ Beim Mehl sollten Sie entweder Mehl Type 405 mit einem Löffel Gries mischen oder spezielles „doppelgriffiges" Spätzlemehl verwenden. Wenn Sie die Spätzle so wie früher machen wollen, verwenden Sie Dinkelmehl (siehe Seite 58).

Konfessionelle Spätzle, oder: Der richtige Hobel

Um den Streit um die richtige Herstellung noch mit einem Kuriosum abzurunden: Es gibt unter den Spätzlehobeln eine katholische und eine evangelische Variante: Der „katholische Hobel", wie er auch in der Gegend um Wolfegg benutzt wird, hat eine einfache Rundlochung, der evangelische, der im Unterland neben der Spätzlepresse gebräuchlich ist, hat eine Zungenlochung für längere Spätzle.

Grundrezept Spätzle
Zutaten für 4 Personen als Hauptmahlzeit:

    500 g Mehl
      1 TL Salz
        5 Eier
      ¼ l Wasser

So wird's gemacht:

1. Aus Mehl, Salz, Eiern und Wasser einen Spätzleteig herstellen. Je nachdem, wie der Teig weiter verarbeitet wird, muss seine Beschaffenheit unterschiedlich sein. Wird mit dem Spätzlebrett gearbeitet, muss der Teig fest sein, für den Spätzlehobel kann auch weicherer Teig verwendet werden.
2. Den Teig so lange schlagen, bis er Blasen wirft.
3. Portionsweise den Teig ins kochende Wasser schaben, drücken oder hobeln. Mehrmals kurz aufkochen lassen, und wenn die Spätzle oben schwimmen, mit dem Schaumlöffel herausnehmen.

Spätzle lassen sich vielseitig variieren – hier als Leberspätzle in einer feinen Suppe.

Tipp: Das Geheimnis des guten Spätzlesteiges ist seine Lockerheit. Wichtig ist es, den Teig lange genug zu schlagen. Alles andere kann durch kleine Mengenabwandlungen ausgeglichen werden. Für die Zutaten eignet sich folgende Faustregel gut: Immer ein Ei mehr nehmen als es Esser gibt, und je nach Hunger mehr oder weniger Milch zufügen.

Leberspätzlesuppe
Zutaten für 4 Personen:

250 g	Mehl
2	Eier
100 g	Rinderleber, gemahlen
	Petersilie, fein gehackt, und Petersilie zum Dekorieren
1 Liter	Fleischbrühe

So wird's gemacht:
1. Nach dem Grundrezept einen festen Spätzleteig herstellen.
2. Die Rinderleber unter den Teig mischen – Teig darf nicht zu weich werden.
3. Eine Fleischbrühe herstellen und den Teig in die siedende Brühe schaben.
4. Die Spätzle etwa 5–10 Minuten in der Brühe ziehen lassen.
5. Mit Petersilie garniert servieren.

Tipp: Echte Schwaben essen Leberspätzle auch als Beilage.

Kässpätzle

Zutaten für 4 Personen:

        Spätzle aus 500 g Mehl
125 g Emmentaler, gerieben
125 g Bergkäse, gerieben
    4 Zwiebeln

So wird's gemacht:
1. Zwiebeln in Ringe schneiden und in Butter langsam braun werden lassen.
2. Die Spätzle nach Grundrezept herstellen.
3. In eine mit Butter eingefettete Auflaufform die Spätzle im Wechsel mit dem geriebenen Käse schichten.
4. Mit den gerösteten Zwiebeln garnieren.
5. Kässpätzle müssen sofort heiß serviert werden. Dazu passt grüner Salat.

Tipp: Kässpätzle werden besonders saftig, wenn die Spätzle nicht abtropfen, sondern direkt vom Schaumlöffel in die Auflaufform gegeben werden.

Mehlspeisen – aus der Not wird eine Tugend

Die Vorliebe für Mehlspeisen verbindet weite Teile Süddeutschlands mit Österreich. Das hat verschiedene Gründe. Zunächst waren die Gebiete überwiegend katholisch – die Menschen kannten also strenge Fastenvorschriften. Ihre regionale Küche brachte deshalb zwangsläufig fleischlose, dafür oftmals sehr phantasievolle Speisen hervor. Es gibt allerdings auch eine ökonomische Erklärung: Aufgrund verschiedener Faktoren wie rascher Bevölkerungsanstieg, steigender Getreideanbau und fehlender Futteranbau wurde Fleisch seit dem 16. Jahrhundert zunehmend selten. Dieses „Herrenessen" konnten sich die Bauern in der Regel nur noch an Festtagen leisten. Die Fleischknappheit machte sich in Süddeutschland stark bemerkbar, und die uns heute so „himmlisch" erscheinenden Mehlspeisen haben ihren Ursprung in der Not der Bevölkerung.

Striebele, Strieweli oder Sträubli

Zutaten für 4 Personen:

300 g	Mehl
3	Eier
gut ¼ l	Milch
1 Prise	Salz
1 TL	Zucker
70 g	pflanzliches Fett zum Ausbacken
	Puderzucker nach Belieben

So wird's gemacht:

1. Mehl, Eier, Milch, Salz und Zucker zu einem glatten, leicht flüssigen Teig rühren. Die Konsistenz soll ähnlich der eines Pfannkuchenteiges sein.
2. In einer Pfanne (oder auch in der Friteuse, 180 °C) das Fett erhitzen.
3. Den Teig in einen Trichter füllen und in kreisenden Bewegungen schneckenförmig von innen nach außen in das heiße Fett einfließen lassen.
4. Die Striebele einmal wenden und beide Seiten goldgelb ausbacken. Auf einem Gitter abtropfen lassen.
5. Nach Belieben mit Puderzucker bestreuen.

Tipp: Die herrlich „röschen" oder „krossen" Striebele schmecken besonders gut nach (oder auch zu) einer kräftigen Kartoffelsuppe oder ganz einfach mit Apfelmus.

Badische Scherben oder Schobefliegel

Zutaten für 4 Personen:

3	Eier
30 g	Zucker
1 EL	Sauerrahm
270 g	Mehl
500 g	Fett zum Ausbacken
	Puderzucker und Zimt zum Bestreuen

So wird's gemacht:

1. Eier, Zucker und Rahm verrühren, das Mehl nach und nach zugeben und den Teig leicht zusammen arbeiten.
2. Den Teig auf einem bemehlten Brett so dünn wie möglich auswellen und mit dem Backrädchen etwa 12 cm lange und 5 cm breite „Scherben" (= Rauten) ausschneiden.
3. Vor dem Backen die Scherben mit der Gabel einige Male anpiksen, damit sich beim Backen keine allzu großen Blasen ausbilden.
4. In heißem Fett schwimmend 3 bis 4 Minuten backen und sofort mit Zucker und Zimt bestreuen.

*Badische Scherben schme-
cken noch warm am besten.*

Pfitzauf – das schwäbische Soufflé

Eine dieser typischen Freitagsspeisen ist der Pfitzauf, eine Art Soufflé. Ein
Blick auf die Zutatenliste zeigt allerdings, dass er zumindest in früheren
Zeiten keine Speise für jeden Tag war. Fett und die vielen Eier weisen ihn
eher als Gericht für besondere Anlässe aus. Der Pfitzauf gehört auch nicht
zu den Nachspeisen, wie man vielleicht denken könnte, sondern kann
durchaus eine vollwertige, sättigende Mahlzeit abgeben.

Der Pfitzauf war einst im gesamten Gebiet des heutigen Baden-Württemberg verbreitet. Heute ist er allerdings kaum noch bekannt. Es gibt
spezielle Pfitzauf-Formen aus Ton. Man kann aber auch mehrere kleine
Tonschüsseln oder Tassen verwenden.

Pfitzauf-Formen sind aus Ton und in verschiedenen Größen erhältlich; man kann aber auch einfach Tontassen verwenden.

Drei Tipps für ein gutes Gelingen

Wer Pfitzauf bäckt, sollte Folgendes beachten. **Erstens:** Es müssen ganz frische Eier verwendet werden. **Zweitens:** Der Backofen muss gut vorgeheizt sein. **Drittens:** Während des Backens darf man den Ofen unter keinen Umständen öffnen, sonst fällt der Pfitzauf in sich zusammen.

Und noch ein Tipp: Pfitzauf eignet sich auch als herzhafte Speise, wenn man ihn pikant mit Käse, Schinken oder Speck – und frischen Kräutern zubereitet.

Grundrezept Pfitzauf

Zutaten für 6 Portionen:

125 g	Butter
250 g	Mehl
1 Prise	Salz
½ l	Milch
5	Eier
	Butter zum Auspinseln der Förmchen

So wird's gemacht:

1. Die Butter zerlassen und etwas abkühlen lassen.
2. In einer Schüssel Mehl, Salz und etwas Milch glatt rühren.
3. Die (sehr frischen!) Eier zugeben und gut verrühren.
4. Die restliche Milch zum Kochen bringen und den Teig mit der Milch kräftig fertig rühren.
5. Zum Schluss die zerlassene Butter unter den Teig rühren.
6. Die mit Butter eingestrichenen Pfitzaufförmchen zur Hälfte mit Teig füllen und bei starker Hitze 180 °C 30–40 Minuten hellbraun backen.
5. Den Pfitzauf nach dem Backen mit Puderzucker bestreuen und sofort servieren. Dazu kann man Kompott oder Apfelmus reichen.

Tipp: Die Backzeit hängt von der Größe der Förmchen ab. Beim Backen den Backofen nicht öffnen, sonst fällt der Pfitzauf zusammen!

So sieht ein gelungener Pfitzauf aus.

Kirschenpfitzauf

Zutaten:

125 g	Butter
100–125 g	Mehl
1 Prise	Salz
2 EL	Zucker
gut ½ l	Milch
3–4	Eier
500–700 g	Kirschen
	etwas Butter zum Auspinseln der Auflaufform

So wird's gemacht:

1. Nach dem Grundrezept (siehe Seite 72) einen Pfitzaufteig herstellen.
2. Eine Auflaufform dick mit weicher Butter ausstreichen.
3. Die Kirschen in der Auflaufform verteilen.
4. Den Teig darüber gießen und im heißen Ofen backen.

Ofenschlupfer – Vielfalt aus alten Weckle

Im Württembergischen erschien im Herbst häufig der „Ofenschlupfer" auf dem Speiseplan. Er verlangt als Beilage eine heiße Vanillesauce. Seine Rezepte sind vielfältig – jede Hausfrau kennt ein eigenes. Aber da der Ofenschlupfer den Makel der Resteverwertung trägt, ist er nicht mehr „in" und kann außerhalb der Privathaushalte nicht gegen Apfelstrudel & Co. konkurrieren. Aber wer ihn einmal selbst versucht hat, ist meist vom Geschmack überzeugt. Und sein Vorteil ist, dass man alte Weckle (Brötchen) hervorragend verarbeiten kann – die ja immer irgendwie im Haushalt übrig bleiben.

Ofenschlupfer

Zutaten für 4 Personen:

4–6	alte Semmeln
3–5	große Äpfel
50 g	(2–3 EL) Zucker, etwas Zimt
50 g	Korinthen oder Rosinen
50 g	Mandelblättchen
2	Eier
250 ml	Milch, Butterflocken

So wird's gemacht:

1. Trockene Semmeln in dünne Scheiben schneiden, ebenso die geschälten und entkernten Äpfel.
2. In eine gefettete Auflaufform fächerförmig Semmelscheiben legen, darüber eine Schicht Apfelschnitten und dann wieder Semmeln, Äpfel und so fort. Die letzte Schicht sollten Semmeln bilden.
3. Das Ganze mit Zucker, Zimt, Korinthen und Mandelblättchen bestreuen.
4. Die Eier mit der Milch verrühren und langsam darüber gießen. Die Flüssigkeit etwas einziehen lassen.
5. Den Backofen auf 170–180 °C vorheizen und den Auflauf je nach Höhe 35 bis 45 Minuten lang backen.

Tipp: Der Phantasie bei der Auswahl der Zutaten sind eigentlich keine Grenzen gesetzt – entscheidend ist, dass alte Semmeln mit einer verrührten Milch-Eier-Soße übergossen und überbacken werden. Statt Semmeln kann man aber auch Weißbrot nehmen. Aus altem Hefezopf hergestellt schmeckt der Ofenschlupfer an einem Feiertag besonders gut. Im Frühsommer können Aprikosen oder Kirschen die Äpfel ersetzen, im Herbst Zwetschgen, sogar Dosenaprikosen sind möglich. Manche Mütter lassen Rosinen oder Mandeln weg, wenn die Kindern sie nicht mögen. Dafür schmecken im Herbst Wal- oder Haselnüsse gut. Selbst einen Ofenschlupfer mit Speck, Zwiebeln und Käse können Sie herstellen, wenn Sie es statt süß lieber pikant mögen.

Rosenküchle – Pfannkuchenteig einmal anders

Einfach unübertroffen schmecken die im Hohenloher Freilandmuseum Wackershofen an manchen Festen angebotenen „Rosenküchle". Aber auch beim Backofenfest Ende September sind sie der Renner. Frisch aus dem Schmalztopf, mit Puderzucker bestreut, schmecken sie einfach himmlisch. Kein Wunder, dass die Rosenküchle-Bäcker an diesem großen Jahresfest kaum die große Nachfrage befriedigen können. Die Küchle sind ganz einfach herzustellen, wenn man das entsprechende „Rosenküchle-Eisen" besitzt – im Hohenloher Freilandmuseum ist es zu erhalten.

Rosenküchle

Zutaten für 15–20 Stück:

300 g	Mehl
250 ml	Milch
5–6	Eier
	etwas Zucker, Vanillezucker
1 Prise	Salz
2 kg	Pflanzenfett zum Frittieren
	Puderzucker zum Bestreuen

Rosenküchleeisen sind eine echte Besonderheit!

So wird's gemacht:

1. Alle Zutaten zu einem dickflüssigen Pfannkuchenteig verrühren. Dazu eine breite Schüssel verwenden, damit das Rosenküchle-Eisen hinein passt.
2. Das Frittierfett im Topf erhitzen und das Eisen ohne Teig kurz im Fett erhitzen.
3. Das heiße Eisen in den flüssigen Teig drücken; dabei das Eisen nicht ganz eintauchen, sondern einen kleinen Rand herausschauen lassen, sonst löst sich der Teig anschließend nicht vom Eisen. Überschüssigen Teig abtropfen lassen.
4. Eisen in das heiße Fett tauchen. Ist der Teig leicht gebräunt, löst man ihn mit einem Holzstiel vom Eisen.
5. Das Rosenküchle frei schwimmend weiterbacken, bis es eine goldbraune Farbe annimmt. Backdauer insgesamt etwa eine halbe Minute.
6. Mit einem Sieblöffel das Küchle herausnehmen und das heiße Fett auf einem Küchenkrepp abtropfen lassen. Mit Puderzucker bestreut sofort servieren.

Tipp: Am besten schmecken die Rosenküchle, wenn sie noch warm sind.

Maultaschen sind Kult

Wenn Sie nach einem typisch schwäbischen Gericht fragen, so erhalten Sie sowohl innerhalb als auch außerhalb Schwabens mit hoher Wahrscheinlichkeit die Antwort: „Maultaschen!" Sie werden meist in einem Atemzug mit Schupfnudeln und Spätzle genannt und sind heute fast schon ein Kultessen: Für Schwaben sind Maultaschen der Inbegriff von Heimat. Außerdem verkörpern sie all das, was die Menschen dieser Region ausmacht: „Die Maultaschen sind für mich nicht nur das Spitzenerzeugnis der schwäbischen Küche, sie entsprechen auch dem Wesen der Schwaben. In einem unliebenswürdigen Gewand verbirgt sich ein delikater Kern." So beschreibt es Thaddäus Troll in seinem Buch „Deutschland deine Schwaben". Traditionell isst man Maultaschen mit Kartoffelsalat als Hauptgericht. Maultaschen-Rezepte gibt es in vielen Varianten, wobei es sich häufig um Familienrezepte handelt. Und nicht selten wird nach dem Motto verfahren: „Maultäschle sin au bloß Teigtäschle, on was drin isch, geht niemand was a!".

Jedem sein Täschle

Wie die Maultasche schwäbisch geworden ist – ob sie von der italienischen Ravioli abstammt, ob sie auf Handelswegen oder über dynastische Verbindungen ins Ländle gekommen ist, oder ob sie gar von der Tiroler Herzogin Margarete Maultasch persönlich erfunden worden ist – lässt sich nicht mehr nachvollziehen. Vielleicht gibt es auch gar keine „Abstammungslinie". Wahrscheinlich gehört die Maultasche zu den Gerichten, die allen Küchen gemein ist und die an mehreren Orten „erfunden" wurde. Die Chinesen essen Frühlingsrollen, die Russen Piroggen, die Lateinamerikaner „empanadas" und die Araber kennen gleich eine ganze Reihe von unterschiedlichen Teigen, die sie süß oder salzig füllen.

Heimliche Füllung

Ihren ersten Auftritt hat die Maultasche erstmals Ende des 18. Jahrhunderts in einem böhmisch-sächsischen Kochbuch – als Festtagsspeise, was mit der aufwändigen Zubereitung zu tun hat. Ihre wichtigste Rolle spielte sie in der Fastenzeit. Als traditionelles Gründonnerstags- und Karfreitagsessen kommt sie in Schwaben zum Teil heute noch auf den Teller. Ob die Maultaschen damals nun „Herrgotts B'scheißerle" waren oder nicht, gehört in den Bereich der Spekulation. Eines ist jedoch klar: In der so unschuldig – und geflissentlich fleischlos – aussehenden Maultasche verbirgt sich eine Füllung aus Fleisch.

Leibspeisen für Millionen

Heute führt die Maultasche eine Art „Doppelleben": Die einen kennen sie als eingeschweißtes, schnell zubereitetes Fertigprodukt aus dem Supermarkt – allein beim deutschen Marktführer in Sachen Maultaschen gehen eine Millionen täglich vom Band. Die anderen geraten ins Schwelgen, wenn sie eine selbst gemachte Maultasche auf dem Teller haben. Für sie sind Maultaschen „Seelenfutter" und wecken Kindheitserinnerungen, wenn sie den zarten Teig und die deftige Füllung kosten.

Schwäbische Maultaschen
Zutaten für 4 Personen:
Für die Füllung:
- 250 g Brät
- 250 g Hackfleisch
-      5 Eier
- 500 g frischen Spinat
-      1 Zwiebel, Petersilie
- 100 g Bauchspeck (mager, geraucht), Braten- oder Schinkenreste
-    1–2 Semmeln, altbacken
          Pfeffer, Salz

Für den Teig:
- 500 g Mehl
-      5 Eier
- 1 EL Öl, 1 EL warmes Wasser

■ Während die Maultasche heute Allerweltsspeise ist, war sie früher eher selten. Zum einen kannte sie wohl gar nicht jeder Schwabe – sie ist in historischen Quellen nur in Teilen Schwabens nachweisbar. Alle anderen verstanden damals unter einer „Maultasche" eine saftige Ohrfeige …

So wird's gemacht:

1. Für die Füllung den Spinat abkochen, gut ausdrücken und klein hacken, die Zwiebel fein schneiden und in Butter glasig dämpfen, die Braten- oder Schinkenreste und den Bauchspeck würfeln, die Semmeln einweichen, alles gut vermischen, durch den Fleischwolf drehen und abschmecken.

2. Aus Mehl, 4 Eiern, Öl und Wasser einen Teig kneten, etwas ruhen lassen, auswellen und in lange, etwa 12 cm breite Streifen schneiden. Anschließend in 12 × 12 cm große Quadrate schneiden.

3. Die Füllung gleichmäßig auf eine Seite verteilen und die andere Seite darüber schlagen. Die vorher mit Eiweiß bestrichenen Ränder gut andrücken.

4. Mit der Kante eines Holzbretts etwa 6 cm lange Maultaschen abteilen und durchschneiden.

5. Die Maultaschen in sanft köchelnder Fleischbrühe ca. 10 Minuten ziehen lassen. Sie sind fertig, wenn sie nach oben steigen.

6. Mit in Butter gebräunten Zwiebelwürfeln zu Tisch bringen.

Tipp: Übrig gebliebene Maultaschen kann man in Scheiben schneiden, in der Pfanne anrösten und einige verquirlte Eier darüber gießen. Diese Version schmeckt mit grünem Salat wunderbar. Zu den schwäbischen Maultaschen passt auch Kartoffelsalat sehr gut.

(Rezept aus: Heinrich, 2001)

Grüne Krapfen

Zutaten für 4 Personen:

Für den Krapfenteig:

500 g	Mehl
	Salz
3–4	Eier
	Eiweiß von 1 Ei
	etwas Wasser

Für die Füllung:

2(–3)	Semmeln, altbacken
100 g	Rauchfleisch
	Zwiebelröhrle (2 Bund Frühlingszwiebeln in Röllchen geschnitten)
1 Bund	Schnittlauch
2	Eier
	Salz, Pfeffer, Muskat, etwas Fett

So wird's gemacht:

1. Aus Mehl, Salz, Eiern und Wasser einen Nudelteig herstellen und dünn auswellen.

2. Die Semmeln und das Rauchfleisch in kleine Würfel schneiden, Zwiebelröhrle und Schnittlauch klein schneiden. Alles zusammen in Fett andämpfen.
3. Die Eier verrühren und die Gewürze zugeben. Die Mischung aus der Pfanne unter die Eier rühren, gut abschmecken.
4. Aus dem Nudelteig ca. 12 × 12 cm große Vierecke ausrädeln, mit einem Löffel von der Masse versehen, die Ränder mit Eiweiß bestreichen und gut andrücken.
5. Eine Auflaufform einfetten und die Krapfen nebeneinander hineinlegen. Etwas Wasser zugeben, so dass sie fast bedeckt sind, und auf dem Herd zugedeckt dünsten, bis kein Wasser mehr vorhanden ist.
(Rezept aus: Heinrich, 2001)

Was ist ein Schwabe ohne seine „Mauldäschle"? Auch grüne Krapfen sind in ihrem tiefsten Innern eigentlich Maultaschen.

Habermus kommt heute so gut wie nicht mehr auf den Tisch.

Tipp: Grüne Krapfen sind eine Abwandlung der klassischen Maultaschen. Der Name rührt von der grünen Farbe des Schnittlauchs her, aus dem die Füllung hauptsächlich besteht. Wenn man das Rauchfleisch weglässt, erhält man eine sehr schmackhafte vegetarische Variante. Dazu passt Kartoffelsalat und grüner Salat.

Alle Tage Habermus

Unter Habermus versteht die Region um das Freilichtmuseum Neuhausen ob Eck einen einfachen groben Getreidebrei – ob der nun aus Hafer („Haber") bestand oder aus dem Getreide, das gerade vorrätig war. Die kulturhistorische Bedeutung des Habermuses ist ungleich komplexer: Während früher bittere Armut die kargen Speisezettel diktierte, ist das Angebot heute geprägt von ständig verfügbarer, globaler Einheitsware. Das Mus ist ein Symbol für diesen Wandel. Früher ernährten sich die Menschen hauptsächlich von dem, was sie hatten. Und das war viele Jahrhunderte hindurch Getreide, das entweder als Brot oder als Mus zubereitet wurde. Die Seefahrer brachten dann die Kartoffel nach Europa. Da kam etwas Abwechslung auf den Tisch. Nun gab es beides, und manchmal sogar gleichzeitig, wie alte Rezepte aus der Gegend zeigen. Doch heute, im Zeichen der Kühlschränke und Supermärkte, ist das Mus als Alltagsspeise fast gänzlich von unseren Speisezetteln verschwunden.

Hackordnung am Mustopf

Getreidebreie und -suppen lassen sich im Gegensatz zu Brot schnell und mit wenig Aufwand zubereiten – das war wichtig für alle, die auf offener Glut und unter offenem Rauchfang kochen mussten (siehe Seite 7). Morgens, mittags und abends – Mus wurde früher zu allen Tageszeiten gegessen.

Habermus kam der Sitte entgegen, gemeinsam aus einer Schüssel zu essen. Wichtig auch: Das Mus gab die ideale Speise für die desolaten Gebisse unserer Vorfahren ab – der Brei konnte nämlich selbst dann gegessen werden, wenn der Schmied schon alle Zähne gezogen hatte.

Äußerster Beliebtheit erfreute sich die in der Pfanne eingebrannte Kruste. Sie konnte ebenso zum Streitobjekt der Tischgemeinschaft werden wie das zerlassene Schmalz oder die Zwiebeln, die darüber gegeben

Mus und Gemüse

Das Wort „mûs" stand im Mittelalter für Essen, Mahlzeit und gekochte Speise allgemein. „Gemüse" fasste mehrere Speisen zusammen. Später verengte sich das Wort „Mus" auf eine „breiartige Speise". Durch einen Wortzusatz wie etwa „Apfelmus" oder eben „Habermus" erfahren wir, welches Gericht genau gemeint ist. „Gemüse" stand dann zunächst für den Brei aus gekochten Nutzpflanzen. Von hier ging die Bezeichnung auf essbare Pflanzen allgemein über.

Noch Johann Christoph Adelung (1732–1806) erklärte in seinem berühmten „Grammatisch-kritischen Wörterbuch der hochdeutschen Mundart": „Muß" sei die „Speise überhaupt". Über „Gemüse" hingegen schreibt er: „In engerer Bedeutung pflegte man ehedem die Speisen aus dem Gewächsreiche und die eßbaren Pflanzen selbst nur Muß zu nennen, wofür wir jetzt Gemüse und Zugemüse sagen."

wurden. Über die Rang- und Hackordnungen, die es einem Esser erlaubten oder verboten, mit dem Löffel eine Rinne in das Habermus zu ziehen, gibt es unzählige Anekdoten und Witze. Wer allerdings seinen Magen mit Getreidebrei füllen musste, für den war – bei dem harten Arbeitsalltag der Bauern – jeder Löffel Schmalz oder Butter wichtig.

Familie Habermus

Die schwer belasteten Frauen kochten früher ihr Habermus für die ganze Woche vor, mit entsprechenden Folgen, berichten Quellen aus dem frühen 19. Jahrhundert: Das Mus war im Sommer am Wochenende nicht selten in Gärung übergegangen. Gegessen wurde es natürlich trotzdem. Wie auch immer: Habermus konnte vielseitig weiterverwertet werden. Man konnte es zu Suppe strecken oder zu „Küchle" braten. Außerdem passten sowohl süße (Apfelmus) als auch salzige Beilagen (Salzbohnen) dazu. Manchmal wurde das Mus sogar mit Milch verfeinert. Beliebt war das Habermus auch mit einer Zwiebel abgeschmälzt oder mit rohem oder gekochtem Sauerkraut. Für kleine Kinder wurde „Mehlbapp" aus feinerem und hellerem Mehl extra gekocht.

■ **Schwäbischer Vierzeiler**
Gang i hoam zu meiner Alte,
sie kocht mir a Muas,
sie hockt auf der Pfanna
und rührt mit em Fuaß.

Viele Namen, viele Variationen

Das Mus, das täglich auf den Tisch kam, hat viele regional unterschiedliche Namen: Es gibt Schwarzes Mus, Schwarzen Brei, Brennt's Mus, Mehlbrei, Mehlbapp. Weitere, enge Verwandte der Familie Habermus vervollständigen die Sippe: die Brennte Mehlsuppe, die Brennte Griessuppe oder das Grießmus. Die Unterschiede liegen dabei nicht so sehr im Getreide, denn da kam auf den Tisch, was gerade da war. Die Unterschiede liegen in der Zubereitung: Mal war die Körnung des Muses größer, mal war sie kleiner. Die einen rösteten das ganze Korn, bevor sie es mahlten und kochten. Die anderen rösteten das Mehl erst in der Pfanne an. Die dritten kochten einfach so. Doch im Grunde war die Speise überall gleich: Bei Familie Habermus jedenfalls kam das Getreide gekocht auf den Tisch.

Du Musbauch

Die stehende Redensart vom „eigenen Mus und Brot" meinte früher die individuelle Verköstigung. Ein Bediensteter stand dagegen in „des Herren Mus und Brot". Da die Getreidebreie als Kost der Armen galten, konnte jemand verächtlich zum „Musbauch" erklärt werden. „Hans-tapp-ins-Muos" musste sich ein Tölpel nachrufen lassen. „Eine tote Fliege kann das beste Mus verderben." Das schwäbische Sprichwort warnt vor der Bagatelle, die eine große und wichtige Angelegenheit verderben kann. Doch nicht nur in sprichwörtlichen Redensarten konnte das Mus symbolische Bedeutung annehmen. Der oben zitierte Johann Christoph Adelung berichtet: „In Ulm müssen die Ehebrecher zur Strafe noch jetzt Haferbrey miteinander essen, welche Strafe daselbst das Musen genannt wird."

Nicht nur Haber, nicht nur schwarz ...

Mit welchem Getreide wird denn nun Habermus gekocht? Das scheint, obwohl der Name selbst keinen Zweifel zulässt, regional unterschiedlich gewesen zu sein. Dinkel, das „Schwabenkorn", robust und anspruchslos, dominierte in Süddeutschland. Aber auch Hafer und Roggen verkochten die Menschen im deutschen Südwesten. Gerste war weniger beliebt. Später verbreitete sich Weizen. Wer aber wollte trotz Hungers ein Mus ablehnen, nur weil es nicht aus dem gewohnten Getreide bestand? Der Streit um ein „richtiges" Rezept ist daher so müßig wie historisch falsch.

Es gab zwei unterschiedliche Zubereitungsarten für Habermus. Während die erste das grobe Mehl im heißen Fett in der Pfanne anröstet, werden bei der anderen die ganzen Getreidekörner im Backofen auf dem Blech vorgebräunt und erst danach gemahlen. „Musmehl" heißt das so entstandene Mehl. Wenn auch verschiedene Röstgrade verbreitet waren, richtig schwarz, wie die gängige Bezeichnung „Schwarzes Mus" andeutet, durfte das Mus nie werden. Dann wäre es ja verbrannt oder verkohlt und hätte fürchterlich geschmeckt. Außerdem gilt für Musmehl: je schwärzer, desto bitterer.

Das Mus hat ausgedient ...

Kochbücher, die sich der Schwäbischen Küche widmen, führen Mus – bis auf einige feinere Gerichte wie etwa Grießauflauf oder Reisbrei – nicht mehr. Mit dem fortschreitenden Industriezeitalter und dem Verschwinden der bäuerlichen Lebenswelt ging dieses grobe Gericht verloren. Das Habermus scheint eben nicht einmal das Zeug zu einer „regionalen Spezialität" in der modernen Küche zu haben. Nur der Name klingt in den heutigen Ohren nach: im allbekannten Müsli.

Letzte Reste der Habermus-Familie lassen sich aber dennoch finden: beispielsweise als Bestandteil von Bräuchen, wie die Mehlsuppe beim Basler Morgenstreich in der benachbarten Schweiz. Im Freilichtmuseum Neuhausen ob Eck wird regelmäßig Habermus gekocht. Die Besucher dürfen dann probieren, wie die Alltagsspeise der Bauern früher geschmeckt hat.

Kulturgeschichtlern in den Topf geguckt

Das Musmehl ist ein herrliches Beispiel für die Dynamik der Trends und Modeströmungen: Es war fast vergessen – nur Freilichtmuseen und andere Organisationen erinnerten daran, bis es auf der Liste der Slow-Food-Bewegung auftauchte, die im Gegensatz zum Fast Food das bewusste, langsame Essen und Genießen heimischer, traditionell hergestellter Produkte propagiert. So wurde auch das Musmehl aus seinem ursprünglichen Kontext herausgehoben, denn mit Slow Food wurde es wieder zu einer gesunden Nahrungsgrundlage, schützenswert und wertvoll. Wer weiß, ob ihm damit nicht sogar eine Überlebensnische gesichert ist?

Dem Grünkern ist dies übrigens bereits gelungen – Hildegard von Bingen sei Dank. Und wären Schupfnudeln und Maultaschen nicht im Kontext der Fertiggerichte aufgetaucht, wer weiß, ob sie nicht ihrerseits schon

Brennte Mehlsupp: unscheinbar, aber oho!

längst vergessen wären. Nur die Kulturgeschichtler würden dann an diese längst vergessenen Speisen erinnern. Und die Freilichtmuseen …

Brennte Mehlsupp' und Brennte Grießsupp'

Zutaten für 4 Personen:

- 3 EL Butterschmalz
- 6 EL Mehl oder Grieß
- 1 l Wasser
-    Salz
-    Kräuter nach Belieben (Schnittlauch, Liebstöckel)

So wird's gemacht:

1. Das Fett erhitzen, Mehl oder Grieß darin je nach Belieben blond oder braun werden lassen.
2. Mit lauwarmem Wasser ablöschen.
3. Mit Salz oder Kräutern abschmecken und 10–15 Minuten köcheln lassen.

Tipp: Mit Kümmel oder Pfeffer, aber auch mit Most lässt sich diese einfache Suppe nach Belieben variieren. Auch klein geschnittenes Suppengemüse schmeckt gut darin. Anreichern und verfeinern Sie die Suppe, indem Sie ein Ei einschlagen oder vor dem Servieren Schlagrahm einrühren. Auch angeröstete Brotwürfel vor dem Servieren über die Suppe gestreut sind bei vielen höchst beliebt.

„Schwarzes Mus" (Habermus)
Für 4 Personen als Hauptgericht:

250 g	Habermus (= hier: grob gemahlener Weizen)
2 EL	Schmalz
1 l	Wasser
	Salz

So wird's gemacht:
1. Das Habermus in dem heißen Schmalz anrösten.
2. Mit kaltem Wasser ablöschen.
3. Etwa 15–20 Minuten bei leichter Hitze aufkochen. Mit Salz abschmecken.

(Rezept aus Schwandorf, Gemeinde Neuhausen ob Eck, Kreis Tuttlingen)

Tipp: Mit diesen Mengenangaben entsteht ein richtiges Mus, wie es früher zubereitet wurde. Es ist von der Konsistenz so fest, dass – wie man hier sagen würde – eine „Katze darauf schlafen kann". Je nach Tages- und Jahreszeit können Kräuter eine besondere Note unter das Mus bringen.

Musmehlmus
Zutaten:

250 g	ganze Getreidekörner (traditionell Dinkel, Weizen, auch Hafer)
1 l	Wasser
	Salz

So wird's gemacht:
1. Die ganzen Getreidekörner im Backofen auf dem Blech anbräunen – je nach Geschmack kürzer oder länger.
2. Die gerösteten Körner in einer Handmühle oder Kaffeemühle mahlen.
3. Das so entstandene „Musmehl" in kochendes Wasser streuen.
4. Unter Umrühren etwa 20 Minuten köcheln lassen. Mit Salz abschmecken.

Tipp: Verfeinern lässt sich das Musmehlmus mit ein paar Esslöffeln Milch. Natürlich kann man das Mus mit einer Zwiebel abschmälzen. Übrigens: Auf der Schwäbischen Alb gibt es bisweilen Müller, die das Musmehl im Angebot haben.

■ Eifrigen Tänzern war und ist Grieß übrigens ein beliebtes Hilfsmittel. Sind sie gezwungen, auf einem stumpfen Steinboden zu tanzen, behelfen sie sich mit einer Handvoll Grieß. Man streut es auf den Tanzboden, und schon wirbeln die Damen und Herren wie von alleine.

Mit Sauerkraut gesund durch den Winter

Weißkraut wird zerkleinert und milchsauer vergoren, um es haltbar zu machen. Mit diesem Vitamin-C-Spender kam man gesund durch den Winter.

Ein Glück, dass es Sauerkraut gibt. Wer weiß, ob unsere Vorfahren ohne diese Speise überhaupt so vergleichsweise unbeschadet durch die Winter gekommen wären? Denn wenn der letzte Apfel verfault, die letzte Rübe verzehrt, der letzte Rosenkohl geerntet war, gab es keine frischen Vitamine mehr. Nur noch Sauerkraut. Wie gut, dass Milchsäurebakterien das **vitaminreiche Weißkraut** in Sauerkraut verwandeln können, das bekömmlich ist und vor allem lange haltbar. Das saure Milieu, das die Laktobazillen verbreiten, und in dem sie sich wohl fühlen, verhindert nämlich, dass sich Schimmel und Fäulnisbakterien vermehren. Ein Hoch also auf die kleinen Helfer in der Not!

Sauer macht lustig

Weißkraut ist nicht das einzige Lebensmittel, das milchsauer vergoren werden kann. Diese Art der Haltbarmachung funktioniert auch mit Milch, mit Brot – durch die Gärung entsteht Sauerteig – und im Grunde mit jedem anderen Gemüse. Ob Paprika, Karotten oder Pastinaken, Blumenkohl, Silberzwiebeln oder Maiskölbchen – sie alle schmecken milchsauer vergoren, ebenso grüne Bohnen.

Auch Essiggurken lassen sich statt mit Essig mit Milchsäurebakterien haltbar machen, und selbst „Mixedpickles" erhalten durch die kleinen Bakterienhelfer eine ganz neue Geschmacksnote.

Doch auch das Sauerkraut ging manchmal aus, bevor die kalte Jahreszeit zu Ende ging. Wie gut, dass es dann doch noch einen frühen Vitamin-C-Spender gab: Ein kleines, unscheinbares Pflänzchen, das als eines der ersten im Frühjahr seine frischen, grünen Blätter zeigt. Es ist das Scharbockskraut, auf das sich im frühen März alle stürzten. Der Volksmund nennt es auch Skorbutkraut, da seine Blätter viel Vitamin C enthalten.

Spezialitäten?

Bei allen im Folgenden vorgestellten Gerichten handelt es sich nicht um besonders raffinierte Delikatessen, sondern um Alltagsspeisen, zusammengesetzt aus den Zutaten, die heimische Gärten und Äcker lieferten. Nicht umsonst spricht man von Armeleuteessen.

In einer Kulturgeschichte der Ernährung erweisen sich manche „regionale Spezialitäten", die heute Speisekarten und Kochbücher füllen, als neuzeitliche Konstruktionen auf der Basis von Notspeisen. So schaffte es der Gaisburger Marsch durch Fleischbeigabe und eine delikate Brühe, in den Speisekanon der schwäbischen, neuzeitlichen Küche aufgenommen zu werden (siehe Seite 55). Andere Speisen blieben jedoch oft auf der Strecke, so beispielsweise Habermus und „Rietemer Gmootz". Sie existieren nur noch als Erinnerungen – und im Museum.

„Rietemer Gmootz" und „Dürbemer Gschluapf"

Was mögen sich wohl hinter diesen Namen für Gerichte verbergen? Wer einigermaßen des Schwäbischen mächtig ist, dem stellen sich bei diesen Begriffen „die Gais": Er bekommt eine Gänsehaut.

Nomen est omen

„Gmootz" oder „Gschluapf" kann man nicht ins Hochdeutsche über-setzen. Was den Namen „Gmootz" oder „Gschluapf" (Geschleif) ver-dient, verfügt über eine breiige, klebrige Beschaffenheit und kann weder genießbar noch appetitlich sein.

Im Gegenteil, die Wörter lassen einen eher an Lehm, Dreck oder Schlamm denken. „Blotz" (hier für Rahm, Milch und Butter im Fass) und „Schmotz" (Fett; „Schmotziger Dunnschtig") – beide lautlich in nächster Nähe – scheuen diese Verbindung ebenso wenig. „Ver-mootzen"oder „verschluapfen" im Zusammenhang mit der Zuberei-tung eines Gerichts kann nur eines bedeuten: Verschiedenes ver-mischen.

Man nehme ...

Man nehme Spätzle, Sauer-kraut, Bratkartoffeln, Zwiebeln und Schmalz – und fertig ist das Rietemer Gmootz.

In der einfachsten Form des breiartigen Gerichts werden Knöpfle (oder Spätzle, siehe Seite 65) und Sauerkraut in einer Schüssel oder auf einer Platte in verschiedenen Lagen heiß übereinander geschichtet und mit gerösteten Zwiebeln abgeschmälzt. So zubereitet läuft das Gericht unter dem Namen „abgeschmalzte Knöpfle mit Kraut". In der Region um Tutt-

lingen heißt diese Version eben „Dürbemer Gschluapf". Das „Rietemer Gmootz" ist eine angereicherte Version des „Gschluapfs" – es versieht das Ganze zusätzlich mit gebratenen Kartoffeln.

„Rietemer Gmootz"und „Dürbemer Gschluapf" aß man zu Mittag. Es stellte also eine Hauptmahlzeit dar. Nehmen wir einmal die Hauptbestandteile unter die Lupe, um so den Charakter des Gerichtes auf die Spur zu kommen: Knöpfle oder Spätzle, Sauerkraut, Kartoffeln, Zwiebeln und Schmalz.

Der Name ist Programm

Namensgebend für das „Rietemer Gmootz" ist die Gemeinde Rietheim im Kreis Tuttlingen und für das „Dürbemer Gschluapf" deren Nachbargemeinde Dürbheim. Wann und warum gerade diese beiden Gemeinden eine Verbindung mit den Gerichten eingingen, bleibt im Dunkeln.

Die Tatsache an sich ist indes nicht einmalig: Oft werden ein Ort oder eine Region mit dem Namen eines Gerichtes verschweißt. Nicht selten liefern dann Entstehungssagen mehr oder weniger schlüssig einen Grund dafür. Der „Gaisburger Marsch" ist da ein weiteres gutes Beispiel (siehe Seite 55).

Typisches Winteressen

Knöpfle und Spätzle standen lange Zeit im Ruf, die Teigwaren armer Leute zu sein. Kartoffeln, erst einmal Ende des 18. Jahrhunderts unter der Landbevölkerung üblich, gehörten zu den wichtigsten Hungerstillern der Armen. Sauerkraut war ebenfalls in diesen sozialen Regionen angesiedelt. Es gilt heute noch als ein typisches „Winteressen".

Die Gründe liegen nicht allein darin, dass es kulinarisch in die Jahreszeit passt. Vielmehr zeigen sich hier gewichtige Stichworte der Ernährungsgeschichte: Zum einen konnte das Kraut bis in den Winter konserviert werden. Andererseits bildete das Sauerkraut durch die Art der Konservierung einen wichtigen Vitamin-C-Spender in einer Jahreszeit, in der es nichts Frisches gab.

Insgesamt gesehen finden sich also im „Rietemer Gmootz" wie im „Dürbemer Gschluapf" typische Elemente aus der Küche der Landbevölkerung. Aus dem Wenigen und immer Gleichen, das die Bauern selbst erwirtschafteten, entstanden so Variationen, die für Abwechslung sorgten. Fleisch und Wurst kamen erst in jüngster Zeit als fester Bestandteil zu dem Gericht dazu.

Hauptsache es schmeckt!

■ Schwäbische Vierzeiler
's ischt halt nix so traurig,
's ischt nix so betrüebt,
als wenn sich e Mädle
in en Krautkopf verliebt.

Sauerkraut, des mag i net,
d' Nudle sind mer z' süeß;
d' Baure-Buabe gfalla mer net,
die hent so krumme Füeß.

Heutzutage werden die Gerichte in Dialektgedichten besungen und durch hitzige Diskussionen um ein „richtiges" oder ein Urrezept geadelt. Aber braucht es ein Rezept, um Kraut, Knöpfle und Zwiebeln zu kochen und zusammenzumischen? Ob da noch Kartoffeln oder Leberwurst dabei waren, etwas Brühe oder Zwiebeln, oder was sonst gerade noch übrig war, ist im Grunde egal. Wer wollte sich da an Rezeptvorschriften halten? Schon gar keine Bauersfrau.

Rietemer Gmootz

Zutaten:

    500 g Sauerkraut
    500 g Bratkartoffeln
    250 g Spätzle
             Zwiebeln, Schmalz

So wird's gemacht:

1. Sauerkraut, Bratkartoffeln und Spätzle auf gewohnte Art zubereiten.
2. Alle Zutaten in einem Topf, einer Auflaufform oder einer Pfanne in mehreren Lagen übereinander schichten.
3. Abschließend mit Zwiebeln abschmälzen.

Dürbemer Gschluapf

Zutaten:

    500 g Sauerkraut
    500 g Spätzle
             Zwiebeln, Schmalz

So wird's gemacht:

1. Zubereitung wie beim „Rietemer Gmootz".

Tipp: Beiden Gerichten kann der Inhalt einer gekochten Leberwurst untergemischt werden. Kenner der Gerichte würden hier anmerken, dass diese „Veredelung" optisch eher zur Verschandelung beiträgt, während sie jedoch für den Gaumen einen enormen Zugewinn bringt.

Schupfnudeln mit Kraut

Unter dem Gesichtspunkt des Vermengens typisch ländlicher Speiseelemente müssen die Schupfnudeln (mit Kraut) zu den engsten Angehörigen der Familie „Gmootz" und „Gschluapf" gerechnet werden. Die Besonderheit: Der Schupfnudelteig nimmt die Kartoffeln gleich in sich auf.

Fertig! Der Rietemer Gmootz kann gegessen werden!

Schupfnudeln gab es allerdings schon vor der Einführung der Kartoffel – damals bestanden sie jedoch nur aus Mehl.

Schupfen ...

... heißt im Schwäbischen „stoßen". Die Nudeln werden „geschupft", also gerollt. Jede Schupfnudel entsteht so einzeln auf dem Nudelbrett – je nach Gegend mal dicker oder mal dünner.

Natürlich bietet der heutige Markt allerhand Geräte, die das „Schupfen" automatisieren. Nur so sind Großproduktionen für Stadt- und Dorffeste möglich, an denen die Schnupfnudeln heutzutage mit Hochgenuss als

„Fast Food" verzehrt werden. Auch im Supermarkt gibt es Schupfnudeln mittlerweile vakuumverpackt zu kaufen.

Für Kenner jedoch schmecken die selbst gemachten Schupfnudeln vom Nudelbrett nach wie vor am Besten.

Schupfnudeln mit Kraut
Für 4 Personen als Hauptgericht:
Für die Schupfnudeln:
400 g	mehlige Kartoffeln
600 g	Mehl
	Salz, Muskatnuss
4	Eier
40 g	Butter oder Öl

Für das Sauerkraut:
500 g	Sauerkraut
	Schweineschmalz
1	Zwiebel
	Salz, Pfeffer

So wird's gemacht:
1. Die Kartoffeln kochen und durch eine Kartoffelpresse drücken. Abkühlen lassen.
2. Zu den kalten Kartoffeln die zerlassene Butter oder das Öl, das Mehl und die Eier hinzugeben. Mit Salz und Muskatnuss würzen.
3. Alles knetend vermischen – aber nicht zu lange, sonst werden die Schupfnudeln zäh!
4. Das Nudelbrett (oder den Tisch) mit Mehl bestreuen.
5. Von dem Teig mit einem Esslöffel Stücke abstechen und daraus mit bemehlten Händen oder auf dem Nudelbrett etwa 4–6 cm lange Nudeln „schupfen". Die Schupfnudeln müssen an den Enden spitz auslaufen.
6. Die Schupfnudeln etwa 20 Minuten ruhen lassen.
7. Anschließend in leicht kochendes Salzwasser geben und etwa 5 Minuten köcheln lassen. In ein Sieb abschütten und mit kaltem Wasser abschrecken.
8. Im heißen Schweineschmalz die gewürfelte Zwiebel zusammen mit dem Sauerkraut anrösten.
9. Die Schupfnudeln untermengen und mitbraten, bis Kraut und Schupfnudeln eine goldgelbe Farbe angenommen haben. Nach Belieben mit Salz und Pfeffer würzen.

Tipp: Auch geröstete Schinken- oder Speckwürfel schmecken gut zu diesem Gericht. Etwas Kümmel im Kraut sorgt für bessere Verträglichkeit.

Leisagerst und Leisahaber
Linsen brauchen Stützen

Die Flurnamen lauten „Linsenäcker", „Linsenberg", „Linsenbingel" oder „Linsenhalde". Sie zeugen davon, dass Linsenanbau in Deutschland noch bis ins 20. Jahrhundert weit verbreitet war. Ein deutlicher Schwerpunkt des Linsenanbaus war die Schwäbische Alb. Auf den kalkhaltigen Böden gediehen die Hülsenfrüchte besonders gut.

Der Anbau von Linsen erfolgte stets **zusammen mit Getreide** als Stützfrucht, zum Beispiel „Leisagerst" (Linsen und Gerste) oder „Leisahaber" (Linsen und Hafer). Das Getreide diente als Kletterhilfe für die Linsen. So konnte verhindert werden, dass die Linsen am Boden faulten. Die Ernten fielen dennoch mager aus. Die niedrigen und unsicheren Erträge sowie der große Arbeitsaufwand bei der Ernte und vor allem bei der Reinigung waren Ursache dafür, dass diese Nahrungspflanze ab den 1960er Jahren in ganz Deutschland fast völlig verschwand.

Linsen auf dem Acker im Freilichtmuseum Beuren: Gerste oder Hafer dienen als Stützgetreide für die Linsen.

Linsen und Spätzle

Linsen, die häufig für den Eigenbedarf gezogen wurden, waren im kärglichen und eintönigen Speiseplan unserer Urgroßeltern besonders wichtig. Auch ohne Fleischbeilage lieferten sie wertvolles Eiweiß. Linsen und Spätzle sind daher ein vollwertiges, weil protein- und kohlenhydratreiches Essen. Ärmere Leute aßen diese schwäbische Leibspeise deshalb sicher ohne Fleisch. Der Schweinebauch oder das „Saitenwürstle" haben sich erst später dazu gesellt.

Erst in jüngster Zeit wachsen wieder Linsen auf der Schwäbischen Alb: Eine Erzeugergemeinschaft baut sie auf einer Fläche von etwa 13 Hektar wieder an. Der Ertrag schwankt zwischen einem und zehn Doppelzentnern pro Hektar – ein hohes Risiko für die Bauern! Aus diesem Grund werden in Deutschland Linsen nur auf einer Fläche von etwa 40 Hektar angebaut. Die Linsen, die wir essen, kommen heute aus Indien, der Türkei, aus Spanien und Frankreich.

Die Alblinse kommt wieder – feine Rezepte

■ Das Einweichen der Linsen über Nacht kann bei den heutigen Sorten entfallen.

Die Aufnahme der Alblinse in die „Arche des Geschmacks" der Organisation „Slow Food" zeigt ein zunehmendes Interesse an dem regionalen Lebensmittel. Auch im Freilichtmuseum Beuren kümmern sich die Museumsmitarbeiter um den Erhalt dieser historischen Kulturpflanze. Seit 2004 wachsen auf dem Museumsgelände deshalb Linsen, wenn auch die früher üblichen Linsensorten, wie beispielsweise die sogenannte Alblinse I und Alblinse II, verschwunden sind.

Linsensalat
Zutaten für 4 Personen:
- 250 g Alblinsen
- 1 säuerlicher Apfel
- 1 kleine rote Zwiebel
- ½ Stange Lauch
- 3 EL Öl
- 2 EL Rotweinessig
- Salz, Pfeffer, Zucker

So wird's gemacht:
1. Die Linsen verlesen und in reichlich Wasser bissfest kochen. Nach dem Kochen die Linsen mit kaltem Wasser abspülen.

2. Den Apfel waschen, vom Kernhaus befreien und in sehr kleine Würfel schneiden.
3. Die Zwiebel schälen und fein würfeln.
4. Den Lauch in feine Ringe schneiden und mit Äpfeln und Zwiebeln unter die gekochten Linsen mischen.
5. Aus Öl, Rotweinessig, Salz, Pfeffer und einer Prise Zucker eine Marinade herstellen und über den Linsensalat geben.

Für die Linsenhörnle war nur ein einziger Kochtopf nötig.

Linsengemüse

Zutaten für 4 Personen:

500 g	Alblinsen
40 g	Butter
60 g	Mehl
1	kleine Zwiebel
¾ l	Brühe
	Salz, Pfeffer
1–2 EL	Essig

So wird's gemacht:

1. Die Linsen verlesen und in reichlich Wasser weich kochen.
2. Die Butter in einem Topf schmelzen und darin das Mehl braun anrösten. Feingehackte Zwiebeln zugeben und ebenfalls anrösten.
3. Mit Fleischbrühe – früher nahm man Wasser – ablöschen und 15 Minuten kochen lassen.
4. Mit Salz, Pfeffer und Essig würzen.
5. Die gegarten Linsen zugeben und kurz mitkochen lassen. Dazu werden Spätzle und Saitenwürstchen serviert.

Tipp: Mit klein gewürfelten Karotten, Sellerie und Lauch kommt etwas Farbe in die Soße. Statt Essig einen kräftigen Rotwein verwenden. Auch Balsamessig passt gut zu Linsen.

Linsenhörnle

Zutaten für 4 Personen:

250 g	Rauchfleisch
250 g	Linsen
250 g	Karotten
250 g	Hörnlenudeln
1	Zwiebel
	Essig, Muskatnuss
	Salz nach Bedarf

So wird's gemacht:

1. Das Rauchfleisch und die Karotten in Würfel schneiden und zusammen mit den Linsen in reichlich Wasser halbweich kochen.
2. Die Nudeln zugeben, das Gericht mit Essig, Muskatnuss und bei Bedarf etwas Salz abschmecken. Alles zusammen weich kochen.

(Rezept aus: Kochbuch für KOWA-Herde, Kirchheim unter Teck, um 1960)

Markanter Markstamm-kohl für Tier und Mensch

Zu den Gemüsen, die aus den Gärten und Kochbüchern verschwunden sind, zählt der im Schwarzwald früher weit verbreitete Markstammkohl (*Brassica oleracea* cultivar *medullosa*), einer Varietät des Gemüsekohls. Die typische Winterpflanze, die in Notzeiten, mit anderem Gemüsekohl vermischt, auch für den menschlichen Speiseplan herhalten musste, fand vorwiegend in der Vieh- oder Wildfütterung Verwendung. Insbesondere das Milchvieh, doch auch Stallhasen kamen in den Genuss des anspruchslosen Gemüses. Im oberen Wolftal, wo es die Bauern wie überall in den engen Seitentälern besonders schwer hatten, diente es vor allem als Ziegenfutter, was ihm auch den Namen „Geißkehl" einbrachte. Als es in den ganz schlechten Jahren schließlich aber auch in den Kochtöpfen der Bäuerinnen landete, wurde es Kehlkraut genannt. Dem stolzen Bauern sollte niemand nachsagen, er esse Ziegenfutter.

Vitamin-C-Bombe aus dem Hochschwarzwald: Der etwas ungewöhnlich aussehende Markstammkohl wurde in Notzeiten nicht nur an das Vieh verfüttert.

Zubereiten je nach „Kohldampf"

Vom Markstammkohl des milden Gutachtals unterschied sich das Kehlkraut der höheren Lagen durch einen niedrigeren Wuchs und einen dünneren Stängel. Dieser häufig über zwei Meter hohe Stängel ist das markanteste Erkennungszeichen des Markstammkohls. Er ist von oben bis unten locker beblättert und dient der Pflanze als Nährstofflager. Zu verwerten ist er trotz seiner fleischigen Konsistenz jedoch nicht. Gegessen oder verfüttert werden die großen, am Rand meist faserigen und von ausgeprägtem Aderwerk durchzogenen Blätter. Ihren typischen Kohlgeschmack erhalten sie durch die Zusammensetzung von Senfölen und Zucker.

Im Wolftal wurden sie grün geerntet, anschließend gedörrt und vor der Zubereitung schließlich eingeweicht. Im Harmersbachtal schnitt man das winterfeste Kraut im Frühjahr samt den jungen Trieben in Streifen und kochte es in gleicher Weise wie beispielsweise Wirsing oder Spinat. Reste wurden als „Bändelkruut" zum Trocknen aufgehängt und an die Schweine verfüttert.

Kohl ist nicht gleich Kohl

Was für den Gemüsekohl, ob als Salat oder als Beilage, allgemein festzuhalten ist, gilt für den Markstammkohl leider nicht: Aus dem Armeleuteessen von einst ist eine hochgeschätzte Kost geworden, der sogar Heilwirkung zugeschrieben wird: Gemüsekohl soll Entzündungen nachhaltig vorbeugen und das Krebsrisiko deutlich senken.

In Deutschland, wo die Liebe zum Kraut – womit der Kohl gemeint ist – geradezu sprichwörtlich ist, nimmt Kohl über 50 Prozent des erwerbsmäßigen Freilandgemüsebaus ein. Anteilsmäßig rangiert dabei Weißkraut ganz oben vor Blumenkohl, Rotkohl, Wirsing, Kohlrabi, Grünkohl und Rosenkohl. Markstammkohl belegt in dieser Reihe einen Rang der Bedeutungslosigkeit.

Krautsalat
Zutaten für 4 Personen:

800 g Markstammkohl oder Weißkraut
1 Zwiebel
Salz
1 TL Butterschmalz
200 ml heiße Fleischbrühe

Für die Marinade:

    5 EL Essig
    6 EL Öl
          Kümmel nach Wunsch
    1 TL Zucker
          Pfeffer

So wird's gemacht:

1. Die Kohlblätter waschen, von Strunk und holzigen Teilen befreien und in feine Streifen schneiden. Die Zwiebel schälen und in möglichst kleine Würfel schneiden.
2. Beides zusammen in eine Schüssel geben, mit etwas Salz gut einstampfen und kurz durchziehen lassen.
3. Butterschmalz in einem Topf erhitzen und das Krautgemisch zugeben. Das Kraut sollte nur kurz im heißen Fett angehen. Mit heißer Fleischbrühe ablöschen. Den Topf sofort vom Herd nehmen und das Kraut ziehen lassen. Es sollte jedoch nicht zu weich werden.
4. Aus Essig, Öl, Kümmel, Zucker und Pfeffer eine Marinade herstellen und gut mit dem noch warmen Kraut vermischen. Vor dem Verzehr mindestens eine Stunde durchziehen lassen.
5. Der Salat wird klassisch zu Schweinebraten gereicht, passt aber auch gut zu anderen Fleischgerichten.

Tipp: Die Nase hat von Kohlgerichten immer länger etwas als der Gaumen. Eine von gekochtem Kohl geschwängerte Küchenluft hält sich, dank des hohen Schwefelgehalts, problemlos über Wochen. Wer darauf verzichten möchte, gibt bereits dem Kohlkochwasser einen Schuss Essig zu.

Von Most und Milch

Was den Durst löscht

Was gab es denn zu trinken, bevor Kühlschrank, Wasserleitung und Weckapparat in die Bauernhäuser einzogen? Allein die Frage macht deutlich, wie grundlegend sich die Lebensweise und Ernährung der Menschen im 20. Jahrhundert gewandelt haben, das Trinken macht da keine Ausnahme. Denn ohne technische Errungenschaften vergor der Saft, die Milch wurde sauer, das Wasser lack. Es blieben Getränke, denen Alkohol Haltbarkeit und Keimfreiheit verlieh. Mit anderen Worten: Most war das Hauptgetränk im Winter und vor allem im Sommer.

Nah am Wasser gebaut

Most hin oder her: Die Menschen tranken natürlich Wasser, aus dem Brunnen, dem Bach, der Zisterne. Wasser ist schließlich überlebenswichtig für Mensch und Vieh. Deshalb waren menschlichen Siedlungen immer schon am Wasser gebaut. Nur so konnte man Wäsche waschen, ein Feuer löschen und – natürlich und vorrangig – den eigenen Durst.

Unter Wassernot hatten unsere Vorfahren in Süddeutschland nicht zu leiden – Süddeutschland ist klimatisch begünstigt. Selbst die Sommer sind so gnädig feucht, dass es Probleme wegen des Wassers – von der Hygiene einmal abgesehen – kaum gab. Eine Ausnahme gab es aber: die Schwäbische Alb, und das hat geologische Gründe. Der Höhenzug zwischen Ries und Schwarzwald ist eines der größten mitteleuropäischen Karst-Gebiete und besteht aus porösem, von Höhlen durchzogenem

Nixen im Trinkwasser

Der Blautopf schüttet das Wasser, das als Trinkwasser auf der Schwäbischen Alb fehlt. Sein Becken ist 21 Meter tief und wird aus einem bis heute nicht vollständig erforschten Unterwasser-Höhlensystem gespeist. Zahlreiche Sagen ranken sich um das sehenswerte Wasserbecken, das auch bei schlechtem Wetter tiefblau ist. Eine handelt von einer Nixe, die immer wieder das Bleilot verschwinden ließ, mit dem die Tiefe des Topfs hätte ausgemessen werden sollen. Der Blautopf galt daher lange Jahre als unergründlich.

Daran erinnert der nebenstehende schwäbische Zungenbrecher:

Glei bei Blaubeira leit a Gletzle Blei. A Gletzle Blei leit glei bei Blaubeira.

Gleich (nah) bei Blaubeuren liegt ein Klötzchen Blei. Ein Klötzchen Blei liegt gleich bei Blaubeuren.

Kalkgestein. Jeder Tropfen Wasser, der auf die Oberfläche fällt, sickert weg. Und zwar so schnell, dass sich auf der Albhochfläche kein Bach und auch kein Fluss bilden kann. Deshalb trocknet die Alb vor allem im Sommer völlig aus.

Das Wasser tritt erst am Albtrauf und in den Tälern wieder zutage, und das teilweise recht spektakulär. Der Blautopf bei Blaubeuren zum Beispiel ist eine solche Quelle.

Das lebensnotwendige Fässchen Most

Allen Wassermangels zum Trotz siedelten Menschen auf der Schwäbischen Alb, und zwar schon immer: Steinzeitjäger, Kelten, Römer oder Alemannen haben ihre Spuren hinterlassen.

Die Dörfer auf der Alb scharen sich meist um Teiche, die auf der Alb **Hülen** genannt werden. Sie liegen in Senken und gründen auf undurchlässigem, meist vulkanischem Gestein oder wurden künstlich angelegt, indem eine Bodensenke mit Lehm ausgestrichen wurde. Die Hülen waren nun Dorfmittelpunkt und Lebensquell in einem. Sie lieferten das nötige Wasser, das aber besonders im Sommer so abgestanden war, dass es als Trinkwasser kaum taugte. Mit anderen Worten: Wenn die Zisternen der Höfe leer waren, gab es ein akutes Trinkwasserproblem – übrigens bis weit ins 19. Jahrhundert hinein! Dann zog die Albwasserversorgung mit Wasserleitungen, Pumpen und Wassertürmen auf. Seither heißt es dort nun selbst im Sommer: „Wasser marsch".

Ein Gläschen Most erfrischt und stärkt.

Mit Nachdruck mosten

Wohl der Bäuerin, die vorgesorgt hatte! Stand im Keller das eine oder andere Fässlein Most, blieb auch im Sommer die Kehle feucht, und das galt nicht nur für die trockene Alb.

Wo auch immer Apfel- oder Birnbäume standen, wurde gemostet. Most war früher das Hauptgetränk, das nicht nur wegen seines Geschmacks, sondern auch wegen seiner stärkenden Wirkung geschätzt wurde. Gerade bei der heißen und schweißtreibenden Feldarbeit war ein Schluck (verdünnten) Mosts aus dem Krug eine hoch willkommene Erfrischung.

Träubleswein aus roten Johannisbeeren

Dieses Rezept stammt aus dem „Kiehnle", dem schwäbischen Kochbuchklassiker schlechthin. Hermine Kiehnle war langjährige Vorsteherin einer Stuttgarter Kochschule und schrieb 1925 eine Anleitung, die noch heute als „Das Kiehnle-Kochbuch" erscheint. Das folgende Rezept stammt aus der Ausgabe von 1934: „Ganz reife rote oder weiße Beeren werden zerdrückt (nach Belieben zuvor abgezupft), dann der Saft gut abgepreßt. Zu je 1 Liter Saft wird in einem Liter Wasser 450 g Zucker aufgelöst oder zu einem Liter Saft 1½ Liter Wasser ein Pfund Zucker und unter Umrühren dazugeben. Dieses wird in einem Glaskolben oder Krug 8–10 Wochen in den Keller gestellt. Das Gefäß muss ganz voll sein, damit sich das Unreine oben herausschaffen kann. Während des Gärens legt man oben doppelte Leinwand darauf, doch nicht zubinden; oder noch besser: man verschließt das Gefäß mit einem Gärspunden. Wenn der Wein ganz klar ist, wird er in Flaschen abgefüllt, verkorkt und versiegelt stehend aufbewahrt."

Tipp: Das Rezept der heutigen Kiehnle-Ausgabe verwendet zur Gärhilfe übrigens Reinhefe oder Gärsalz (gibt es in Apotheken). Damit kommt die richtige Gärung sicher in Gang. Es geht aber auch ohne. Wichtig ist allerdings Folgendes: Die Keller der Bauernhöfe waren damals kühler als unsere heute. Man muss also darauf achten, die Maische nicht zu schnell gären zu lassen. Aufbewahrt werden die Flaschen hinterher am besten im Kühlschrank.

Doch wer glaubt, die Leute wären früher ständig angeschickert gewesen, der irrt. Der Most wurde mit Wasser verdünnt, und hier zeigt sich seine eigentliche Bedeutung: Die Säure und der Alkohol, die den Most haltbar machten, desinfizierten das Wasser gleich mit.

Es war daher keine Seltenheit, dass eine Bauersfamilie im Herbst 4000 Liter Most, manchmal auch mehr, eingekellert hat. Diese Menge war aber nötig, denn sie musste die Familie ja über den Winter und den darauf folgenden Sommer bringen. In obstarmen Jahren vermosteten die Landwirte übrigens auch noch den „Nachdruck". Das sind die ausgepressten Apfelstücke, auch Trester genannt. Er wurde nach dem Pressen für ein paar Tage in Wasser gelegt und dann noch einmal ausgepresst, auf dass auch noch das letzte Tröpfchen Fruchtsaft vermostet werden konnte.

Und wer nicht genügend Äpfel oder Birnen hatte, der warf Kirschen, Mispeln oder Quitten mit in die Maische. Auch die Früchte der Johannisbeerbüsche, die selbst auf der Schwäbischen Alb gut wuchsen, wurden vermostet, allerdings nicht mit den anderen Früchten zusammen.

Wein und Bier, das rat ich Dir

Most galt nicht als Alkohol, denn getrunken wurde er nur verdünnt. Dann hatte er noch höchstens zwei oder drei Volumenprozente. Die körperlich hart arbeitenden Bauern steckten das damals locker weg. Stärker alkoholische Getränke gab es im Wirtshaus, und Alkohol war immer ein guter Grund, zum Stammtisch zu gehen oder zum Frühschoppen.

Je nach Gegend wurde dann Bier oder Wein ausgeschenkt. Beiden Getränken wurde kräftig zugesprochen. Das kann man allein an der Menge der kleinen Wirtshausbrauereien ablesen, die es früher gab. Das galt auch für den Wein, das „Viertele", denn die Rebfläche war vor dem 30-jährigen Krieg im „Ländle" fast zehnmal so groß wie heute. Der Weinbau nahm auch hinterher einen wichtigen Stellenwert ein. Daran erinnern Straßennamen wie „Weingartenberg" in Gegenden, in denen heute weit und breit kein Weinstock mehr gedeiht.

Bier und Wein waren aber keine Alltagsgetränke. Sie gehörten zu den Festtagen, auf die Kirmes und ins Bierzelt. Und sie waren nicht die einzigen Getränke, die ein Wirtshaus vorhielt.

In der nebenberuflichen Dorfgaststätte eines großbäuerlichen Hofes im badischen Gottersdorf finden sich in einem Inventarverzeichnis von 1841, abgefasst anlässlich eines Erbfalls, neben vier Eimern Wein und unzähligen Fässern Most gar drei Eimer Branntwein aufgeführt – also muss man hin und wieder auch schärferen Getränken gegenüber nicht abgeneigt gewesen sein.

Und es geht noch weiter: Im gleichen Inventar gibt es einen Hinweis auf ein Getränk, das da und dort wohl zum Verdünnen Verwendung fand: auf Mineralwasser. Nur hieß das 1841 „Sauerwasser" und wurde in irdenen Sauerwasserkrügen aufbewahrt. Auch dieses Getränk gab es sicher nur im Wirtshaus und nicht im Alltag zuhause.

Chriesewasser

In keiner anderen Region Deutschlands trifft man auf so viele Schnapsbrenner wie im Schwarzwald. Beinahe jeder landwirtschaftliche Betrieb ist hier mit einem vererbbaren Branntweinrecht ausgestattet. Der vielleicht bekannteste aller Brände ist das untrennbar mit seinem Herkunftsort verbundene Schwarzwälder Kirschwasser.

Abgeleitet von „cérise", dem französischen Wort für Kirsche, geht das Kirschwasser dem Einheimischen als „Chriesewasser" über die Lippen. Überraschend ist übrigens, dass die Franzosen ihrerseits das Chriesewasser als „le kirsch" bezeichnen.

Von der Morgensuppe zum Morgenkaffee

Wer frühmorgens in den Stall muss, freut sich hinterher auf ein nahrhaftes Frühstück. Eine Morgensuppe gab's da früher, eine Einbrenn-, Brot- oder Milchsuppe. Und wer eine warme Suppe isst, hat kein Bedürfnis auf ein heißes Getränk. Das gab es auf den Bauernhöfen deshalb auch kaum. Wer Durst hatte, trank Most oder Wasser. Allerdings: Geröstetes Getreide wurde vermutlich schon im Mittelalter gebrüht und getrunken. Aber erst als Bohnenkaffee ab dem 18. Jahrhundert verfügbar war, wurde die Lust auf Heißgetränke langsam größer. Zuerst nur in den Städten, schließlich war Kaffee exklusiv und sehr teuer. Auf dem Land wurde er lange nicht getrunken – oder nur zu ganz besonderen Anlässen. Dennoch kamen die Deutschen langsam auf den Geschmack und sind heute – vor allem in Süddeutschland – ein Volk von Kaffeetrinkern.

Kaffee-Ersatz: Muckefuck und falscher Mokka

Die Lust nach Kaffee schien schon früh unbändig gewesen zu sein – also war Erfindergeist immer dann gefragt, wenn „echter" Kaffee knapp oder teuer wurde. Egal ob Bürger in der Stadt oder Bauer auf dem Land: Zum

Die Wegwarte (Cichorium intybus) blüht nicht nur schön, ihre Wurzeln wurden auch zu Kaffee verarbeitet.

Ernstfall wurde für sie zum Beispiel die Kontinentalsperre von 1808 bis 1812 während der napoleonischen Kriege. Damals war der Genuss von Kaffee sogar verboten – für die einfachen Leute zumindest.

Damals wurde so manche Rohware entdeckt, die sich zu Kaffee-Ersatz rösten ließ. Vor allem die Wurzeln der blau blühenden Wegwarte (Zichorie) und des Löwenzahns bekamen Hochkonjunktur. Aufgebrüht wurden jetzt aber auch geröstete Bucheckern, Eicheln oder gar Weintraubenkerne.

Zichorie war für Farbe und Geschmack des Ersatzkaffees wichtig, denn er machte das Gebräu dunkelbraun und bitter. Um an die Wurzeln zu kommen, waren die Menschen bereit, viel Mühsal auf sich zu nehmen, denn die Wegwarte wächst dort, wo der Boden besonders hart und steinig ist, und ihre Wurzeln gründen fest und tief. Heute ist die Ernte weniger mühselig – es gibt eine gezüchtete Wurzel-Zichorie. (Blatt-Zichorien gibt es ebenfalls, das ist der Chicoree. Auch der Endiviensalat gehört in diese Pflanzenfamilie.)

Experimentieren erlaubt

Wer sich am Kaffee-Ersatz selbst versuchen will – nur um mal zu testen, wie die Brühe schmeckte – muss daran denken, dass die Zutaten, die beliebig gemischt werden können, unterschiedliche Röstzeiten haben. Sie sollten also getrennt voneinander in der Pfanne oder im Rohr gebräunt und am besten erst kurz vor dem Aufbrühen gemahlen werden.

Was geröstet wird, ist im Grunde egal. Man kann Wegwarte-Wurzeln nehmen (waschen, schälen, wässern, kochen, trocknen, rösten), Roggen oder Gerste (Körner über Nacht einweichen, Wasser abgießen, Körner mit frischem Wasser kochen, bis sie aufgesprungen sind, abgießen und zweimal mit kochendem Wasser übergießen, abtropfen lassen und auf einem Backblech rösten), oder Eicheln. Diese Früchte machen am meisten Mühe, denn ihre harte Schale muss weg: Reife, frische Eicheln 24 Stunden wässern, die oben schwimmenden Schalen und den Dreck abschöpfen.

Das Verfahren so oft wiederholen, bis sich das Wasser nicht mehr verfärbt. Danach die Eicheln in der Sonne oder im Backofen bei leichter Hitze trocknen lassen. Äußere Schalen entfernen – das geht leicht, wenn man sie in einem Stoff-Sack schüttelt. Früchte danach in Viertel oder Achtel schneiden und im Backofen dunkelbraun rösten.

Immer wieder waren es in späteren Jahren auch die Früchte der Eichen – die **Eicheln** – die vor allem in Notzeiten geröstet wurden. Während und nach dem 2. Weltkrieg wurde der Eichelkaffee sogar zum „beliebtesten" Kaffee-Ersatz überhaupt. Damals wurde in Deutschland übrigens so viel Ersatzkaffee getrunken, dass der Begriff in die französische Sprache Eingang gefunden hat – „ersatz de café" heißt er dort heute noch. Dennoch: Eichelkaffee wurde wohl vor allem in den Städten getrunken. Auf den Bauernhöfen wird es **Getreidekaffee** gegeben haben, mit einer Prise Zichorie für den Geschmack.

Die Deutschen haben für ihr Kaffeesurrogat liebevolle Namen gefunden: Blümchenkaffee zum Beispiel, weil die Brühe oft so dünn war, dass der Blümchen-Aufdruck der Tasse durchschien. Oder Muckefuck. Woher dieser Name kommt, ist unklar. Vielleicht haben preußische Soldaten „Mocca faux" – falschen Mokka – getrunken und den Begriff so verballhornt.

Teatime gab's keine

In den Bauerngärten unserer Urgroßmütter blühte es den ganzen Sommer über. Pfefferminze, Melisse und Salbei wuchsen dort, ebenso Malve und Kamille. Das sind alles Pflanzen, die unsere heutigen Kräutertees mit Duft und Geschmack versorgen. Aber war das auch damals ihr Zweck?

Tee als Alltagsgetränk gab es wahrscheinlich nur selten. Wer im ländlichen Süddeutschland etwas Heißes zu sich nehmen wollte, aß Suppe oder trank (Getreide-)Kaffee. Der Durst wurde mit Most und Wasser gelöscht. Erst als sich herumsprach, dass Wasser von Bakterien verseucht sein und dem durch Kochen abgeholfen werden konnte, wird die eine oder andere Hausfrau ihr abgekochtes Wasser mit ein paar Kräutern geschmacklich verbessert haben.

Warum aber wurde den aromatischen Kräutern ein Platz im Garten eingeräumt, und das schon im Mittelalter? Die Pflanzen waren **Heilpflanzen**, nicht nur für Menschen, sondern auch für Tiere. Wenn jemand krank oder verletzt war, gab es Kräuteraufgüsse oder Tinkturen. Pfefferminztee etwa wirkt krampflösend und Appetit anregend. Kamillentee lindert Magenbeschwerden und hilft (äußerlich angewendet) bei schlecht heilenden Wunden. Melisse schließlich beruhigt und fördert den Schlaf.

Milch: zu kostbar zum Trinken

Was gab es sonst noch auf dem Bauernhof? Milch natürlich. Kuhmilch bei den reichen Bauern, Schafs- oder Ziegenmilch bei den armen. Getrunken wurde die aber nicht – oder nur in den seltenen Fällen, in denen sie übrig war. Zu kostbar war sie, zu wertvoll ihre Inhaltsstoffe. Höchstens kranke Kinder bekamen sie, oder Säuglinge, deren Mütter nicht stillen konnten. Aber auch dann wurde sie mit Mehl und Wasser zu einem dünnen Brei verkocht. Der Begriff „aufpäppeln" erinnert daran, denn in ihm steckt das schöne schwäbische Wort „Bäpp" für einen klebrigen Brei.

Unsere Vorfahren wussten also bereits, was die Ernährungswissenschaftler heute propagieren: Milch ist ein Nahrungsmittel, kein Getränk. Schließlich versorgt sie den Menschen mit so viel Fett und Proteinen, dass sie nicht nur den Durst löscht, sondern auch den Hunger stillt. Milch wurde daher nicht getrunken, sie wurde verkocht. Milchsuppe gab es regelmäßig, Dickmilch ebenfalls. Außerdem Quark und Bibbeleskäs' – dem Hüttenkäse ähnlicher geschöpfter Frischkäse mit grober Körnung.

Natürlich und vor allem wurde die Milch verkäst und auf diese Weise haltbar gemacht. So konnte sie auch in den Zeiten ihren Teil zur Ernährung beisteuern, in denen Kühe oder Schafe trocken standen.

Milchsuppe

Zutaten für vier Portionen:

    4 Scheiben altbackenes Schwarzbrot
    4 Tassen kochendes Wasser oder Brühe
    2 Tassen heiße Milch
       etwas Muskat
    1 Prise Salz nach Geschmack

So wird's gemacht:

1. Schwarzbrot fein schneiden.
2. Mit kochendem Wasser oder Brühe knapp bedecken.
3. Abdecken und kurz ziehen lassen.
4. Nach Bedarf salzen und mit Muskat würzen.
5. Mit heißer Milch auffüllen. Guten Appetit!

Tipp: Statt Milch kann auch Brühe verwendet werden – früher wurde der Sud aus dem Schlachtkessel verwendet. Dann kann vor dem Servieren noch eine geschmälzte Zwiebel und etwas Petersilie darüber gegeben werden. Übrigens: Brotsuppe schmeckt am besten aus selbst gebackenem Vollkornbrot aus Natursauerteig. Erst der Geschmack des Sauerteigs macht die Brotsuppe zu einer Delikatesse! Außerdem muss das Brot unbedingt hart sein, denn dann bleibt es in seiner Struktur erhalten. Das bei Bäckern gekaufte Brot zerfällt meist schnell zu Matsch.

Streuobst

Der Obstanbau ist eine der ältesten Pflanzenkulturen – schon im alten Ägypten und Persien veredelte man Apfel- und Birnbäume. Die Römer brachten Früchte von ihren Eroberungszügen mit und kultivierten sie – in der römischen Antike gab es bereits einen blühenden Obstanbau in Italien.

Äpfel für die „Barbaren"

Für die Germanen muss ein Weltbild zusammengebrochen sein, als die Römer in ihr Land zogen. Denn die brachten Äpfel mit – süße und saftige! Die Germanen kannten diese Früchte zwar auch, schließlich gehörten Äpfel praktisch schon immer auf den Speiseplan. Jedoch pflückten unsere mitteleuropäischen Urahnen die wild wachsenden Holzäpfel, sauer und zäh.

Entsetzt berichtete der Geschichtsschreiber Tacitus (55–115 n. Chr.) seinen Zeitgenossen in Rom von den „Barbaren" und deren saurem Obst. Und betonte gleichzeitig stolz, dass die Römer dagegen bereits 30 verschiedene Äpfelsorten kannten – früh und spät reifende, säuerliche und süße. Obstbaumveredlung war den Römern schließlich nicht fremd, und so gab es bereits in der römischen Antike einen blühenden Obstanbau in Italien. Und als die Römer über die Alpen nach Germanien zogen, brachten sie die Apfel- und Birnbäume, Pflaumen, Süßkirschen, Weintrauben, aber auch Walnüsse und Edelkastanien gleich mit.

Obst für die Kaiserpfalz

Nach nur wenigen hundert Jahren verschwanden die Römer wieder aus Germanien, der Apfelbaum aber blieb. 812 nach Christus ließ Kaiser Karl der Große Baumschulen anlegen und förderte durch Erlasse die Anpflanzung von Obstbäumen. Kaiser Karl reiste ja zeitlebens von Pfalz zu Pfalz. Für ihn war es lebenswichtig, dort mit seinem Tross ausreichend versorgt zu sein. Er ordnete daher an, dass auf jedem kaiserlichen Gut eine Reihe von Pflanzen immer angebaut werden müssten. 90 verschiedene Pflanzen nennt der Kaiser; und der Apfelbaum steht an erster Stelle der anzupflanzenden Bäume.

In den folgenden Jahrhunderten waren es vorwiegend Fürsten und Klöster, die Baumschulen und Obstwiesen anlegten und sich so um einen

Obstbäume – ein Erbe der Römer. Kaiser Karl der Große ließ erstmals Baumpflanzungen anordnen, um sich und die Seinen mit Äpfeln und Birnen zu versorgen.

gezielten Obstanbau bemühten. Robustere Züchtungen konnten nun auch auf ertragsärmeren und kargeren Böden angepflanzt werden, so dass Obst eine immer größere Rolle für die Versorgung der Bevölkerung spielte. Ein Zeichen dafür sind die harten Strafen, unter die „Baumfrevel" gestellt wurde.

Äpfel und Birnen für die Dorfgemeinschaft

Dann kam der Dreißigjährige Krieg (1618–1648). Soldaten zogen marodierend durchs Land, das Volk hungerte und fror. Ein Baum nach dem anderen fiel. Und als der Schrecken vorbei war, war Europa fast menschenleer. Kaum einer konnte sich um die übrig gebliebenen Apfelbäume kümmern. Kaum einer wusste noch, wie das Veredeln ging. Die Obstgärten erholten sich von diesem Rückschlag nur sehr langsam.

Doch bereits im 18. Jahrhundert hatten die Menschen rund um ihre Dörfer einen Gürtel von Obstwiesen angelegt. Die pflegten sie nun als Allmende gemeinsam, ernteten sie auch gemeinsam ab und verteilten hinterher den Ertrag. Viele Höfe besaßen jedoch zusätzlich ein paar Obstbäume, die reichen Bauern ließen ihr Vieh sogar auf mehreren Obstwiesen grasen.

Obst wurde vorwiegend zur Deckung des Eigenbedarfs genutzt – als **Dörrobst** etwa, als **Tafelobst** und für **Most** und **Schnaps**. Die Obstgärten und Alleen aus Obstbäumen prägten nun das Landschaftsbild; der Apfelbaum wurde romantisch verklärt: „Bei einem Wirte wundermild, da war ich jüngst zu Gast ..." dichtete Ludwig Uhland um 1817 und labte sich an

Warum „Streuobst"?

Die Bezeichnung „Streuobstwiese" wird erstmals 1941 verwendet. Sie sollte den Unterschied zwischen den Obstwiesen rund um die Dörfer und den Plantagen verdeutlichen, die seit den 1920er Jahren immer häufiger gepflanzt wurden. Im Gegensatz zu den in Reih' und Glied gepflanzten Niederstämmen der Plantagen stehen die Hochstämme auf der Obstwiese eben „verstreut".

Gerade die Trendwende zur **Obstplantage**, die sich vor allem nach dem Zweiten Weltkrieg durchsetzte, läutete den Niedergang der Streuobstwiese ein. Obstplantagen mit ihren kleinen Bäumen erlauben Spezialisierungen auf marktgängige Sorten. Mit ihren schnurgeraden Reihen sind sie außerdem bedeutend effizienter und rationeller zu bewirtschaften.

der köstlichen Gabe des Obstbaums, an seinem erfrischenden Schatten und dem wunderbarem Vogelgesang in der Krone.

Obst im Unterricht

Die Bedeutung des Obstanbaus stieg weiter an und erreichte ihren Höhepunkt in der ersten Hälfte des 20. Jahrhunderts. Über 6000 Obstsorten wurden damals gezüchtet, unter anderem 2700 verschiedene Apfel-, 800 Birnen-, 400 Süßkirsch- und eine ganze Reihe von Pflaumensorten. Viele Bäume gediehen nun auch in den rauen Gegenden der Mittelgebirge.

Und überall konnte man Tafelobst, Saft-, Most- oder Brandobst und spezielles Backobst unterscheiden. Kein Wunder, dass nun die Pflege und Verarbeitung von Obst zum unentbehrlichen Unterricht der Landwirtschafts- und Hauswirtschaftschulen gehörte.

Dem Fortschritt im Weg

Das letzte Stündlein der alten Apfelbäume mit ihren robusten, jedoch unrentabel gewordenen Sorten hatte endgültig geschlagen, als die Streuobstwiesen den Stadt- und Straßenplanern im Weg waren. Genau dort, wo die Obstbäume wuchsen, wurden Neubaugebiete ausgewiesen oder Gewerbegebiete angelegt. Jede Umgehungsstraße bedeutete einen Streuobstgürtel weniger, und wenn Straßen verbreitert wurden, fielen rechts und links die alten Obstalleen.

Dass hier ein Kulturgut gefällt wurde – dafür hatten die Planer des Wirtschaftswunders kein Bewusstsein. Im Gegenteil! Die Bäume standen dem Fortschritt im Weg. Der 1953 erlassene „Emser Beschluss" des Bundesernährungsministeriums förderte also den Kahlschlag, da „Streuanbau, Straßenanbau und Mischkultur (zu) verwerfen" seien. Bis 1974 zahlte selbst die Europäische Gemeinschaft eine Rodungsprämie für jeden gefällten Hochstamm-Obstbaum. In der Folge entwickelte sich Baden-Württemberg schnell zu einem Hauptobstanbaugebiet innerhalb Deutschlands, mit heute fast 13 000 Betrieben, die zwischen 40 und 60 Prozent der deutschen Ernte produzieren.

Eine Lobby für den Apfelbaum

Von 1965 bis 2000 fielen in Deutschland und Mitteleuropa etwa 70 Prozent der Obstbäume. Heute existieren in Deutschland nach Schätzungen des Naturschutzbundes (NABU) nur noch 400 000 Hektar Streuobstwiesen. Und auch die sehen oft nicht mehr gut aus: Die Bestände sind vergreist, die Anlagen kaum noch gepflegt. Alte Bäume werden nicht mehr ersetzt. Die **Streuobstwiesen** gehören damit zu den am **stärksten gefährdeten Biotopen** Mitteleuropas. 2000 bis 5000 verschiedene Tierarten können auf diesen Wiesen leben, aber für sie wird der Platz langsam knapp. Außerdem schmälert jeder gefällte Apfelbaum das Genreservoir der alten, widerstandsfähigen Sorten.

Verschiedene Naturschutzvereinigungen wie beispielsweise der Naturschutzbund (NABU) oder der Bund für Umwelt und Naturschutz

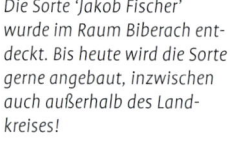

Die Sorte 'Jakob Fischer' wurde im Raum Biberach entdeckt. Bis heute wird die Sorte gerne angebaut, inzwischen auch außerhalb des Landkreises!

Jakob Fischer – der 'Schöne vom Oberland'

Welcher Landkreis hat schon wissentlich seine eigene Apfelsorte vorzuweisen? Der Landkreis Biberach hat dieses Glück: den „Jakob-Fischer-Apfel". Seine „Entdeckung" verdankt der Apfel einem Zufall: 1903 fand der Landwirt Jakob Fischer im Wald bei Rottum nahe Ochsenhausen einen Apfelsämling, grub ihn aus und pflanzte ihn auf seinem Grundstück wieder ein. Zu der eigentlich beabsichtigten Veredelung kam es – aus welchen Gründen auch immer – nicht. Schließlich trug der Baum trotzdem Früchte, die so gut schmeckten, dass Jakob Fischer mit Hilfe des Baumschulbesitzers Ellwanger von Schloss Horn bei Fischbach für die weitere Verbreitung der schmackhaften Sorte sorgte. Aus marktwirtschaftlichen Gründen erhielt der Apfel später den Beinamen 'Schöner vom Oberland', unter dem der 'Jakob Fischer' außerhalb Oberschwabens bekannt ist.

Bis heute wird die Sorte wegen ihrer guten Eigenschaften gerne angebaut. Sein Ursprungsbaum in Rottum lebt noch. Er steht heute unter Naturschutz. 1998 wurde der 'Jakob Fischer' von der „Arbeitsgruppe Streuobst des Landesverbandes für Obst, Garten und Landschaft" zur Streuobstsorte des Jahres erklärt.

Deutschland (BUND) versuchen, das Streuobst wieder aufzuwerten. Sie fördern die Direktvermarktung der Äpfel. Und sie machen sich für Kleinbrennereien und den Apfelmost stark. In Deutschland werden inzwischen 8 Millionen Liter „echter" Streuobstgetränke – Most, Säfte und Schnaps – hergestellt: Die säurehaltigen Streuobstsorten sind für den Most, der in traditionellen Gaststätten immer noch – oder wieder – ausgeschenkt wird, sogar unentbehrlich. Doch die Wirkung der Maßnahmen ist nur gering: Ein Großteil der Streuobstwiesen bleibt aufgrund mangelnder Rentabilität und einseitiger Förderpolitik höchst gefährdet.

Most – ein wunderbarer Durstlöscher

Äppelwoi, Viez, Most, Cidre – vier Begriffe, die im Prinzip dasselbe meinen, nämlich vergorenen Saft aus Äpfeln und/oder Birnen. Der Most ist eines der ältesten Kulturgetränke überhaupt. Funde in Uhldingen-Mühlhofen (Bodensee) belegen Trester mit Apfel- und Birnenkernen bereits für die Jungsteinzeit. Die Germanen kannten Most unter dem Namen „Lit". Allerdings verwendeten sie Wildfrüchte, aus denen ein recht saurer Obstwein entstand. Um ihn genießen zu können, musste er nachträglich stark gesüßt und gewürzt werden. Ob dies vielleicht der bei den Römern so beliebte germanische Obstessig war?

Mit Einführung neuer Obstsorten und auch der Kultivierungstechniken durch die Römer gewann die **Obstweinherstellung** zunehmend an Bedeutung. Kaiser Karl der Große ordnete im 9. Jahrhundert sogar die Herstellung von „piracium" (Birnenwein) und „pomacium" (Apfelwein) an und forderte bei der Herstellung strengste Sauberkeit.

Most entwickelte sich zum „Allerweltsgesöff", zum Universalgetränk der Bauern und Arbeiter. Seine Produktion war – und ist – relativ günstig und unkompliziert. Um den Alkohol ging es dabei nicht – der Most wurde kräftig verdünnt und löschte hervorragend den Durst. Und geschmeckt muss er den Menschen haben! Ein Mostverbot des württembergischen Herzogs lief um 1650 völlig ins Leere: Eberhard III. wollte nämlich den nach dem Dreißigjährigen Krieg brachliegenden Weinanbau wieder fördern. Doch die Bauern behielten alle ihr „Fässle" Most – heimlich im Keller. Das Mostverbot wurde bald wieder aufgehoben.

Gesunder Durstlöscher Most: In dieser oberschwäbischen Mosterei werden die Äpfel aus der Umgebung verarbeitet (Foto: Kreisberatungsstelle für Garten- und Obstbau des Landkreises Biberach).

Most statt Milch

Im Oberland allerdings gingen die Uhren anders: Hier trank man bis zu Beginn des 19. Jahrhunderts vorwiegend Milch und Wasser. Auch dem Bier war man nicht abgeneigt. Erst in den folgenden Jahrzehnten wurde der Most auch in dieser Region zum Alltagsgetränk, denn als die Milchwirtschaft aufkam, blieb den Bauern kaum mehr Milch für den Eigenbedarf. Most bot sich als günstige Alternative an, auch für Bier. Als die um 1860 aus Nordamerika eingeschleppte Reblaus einen Großteil der europäischen Weinstöcke vernichtete, wurde so manche Weinterrasse zu einer Obstwiese. Der selbst gemachte Most war für einen Großteil der Bevölkerung das einzige Getränk im Keller. Bier trank man bis in die 1950er Jahre meist nur in Wirtschaften oder man holte sich sonntags einen Krug „über d'Gass".

Mosttrinker als Naturschützer

Mit dem Wirtschaftswunder kam das Mosttrinken jedoch aus der Mode, da es nun problemlos Bier, Wein, Mineralwasser und Limonade zu kaufen gab. Seit den 1980er Jahren hat sich das Bewusstsein jedoch wieder geändert, und seit 1989 dürfen Obstbauern ihren Most auch in „Besenwirtschaften" oder „Mostbesen" selbst ausschenken.

Most wurde und wird in den klassischen Obstbaugebieten geschätzt, vor allem auch in den kühleren Regionen und Höhenlagen, wo zwar noch robustes Streuobst, jedoch kein Wein mehr gedeiht. Früher mostete fast jeder Haushalt selbst. Selbst zum „'s Morgeessen" gehörte damals ein „Krügle Moscht" (siehe Seite 105). Da er früher stärker mit Wasser verdünnt wurde, gewann man aus einem Zentner Obst etwa 70 Liter Most, heute ist es dagegen die Hälfte. Da für die Mostherstellung die alten Streuobstsorten bevorzugt werden, tragen Mosttrinker indirekt zum Schutz und Erhalt dieser alten Obstkulturform bei.

■ Mostgedicht
Was ka des wohl sei,
s'schmeckt besser als Wei,
s'gluggrat em Fass
ond perlt em Glas,
I hann davo koscht
– des isch dr Moscht!

Streuobstwiesen im Museumsdorf Kürnbach

Auch der Landkreis Biberach trägt zum Erhalt alter Streuobstsorten bei: Auf dem Gelände des Museumsdorfs Kürnbach wachsen alte und robuste Streuobstsorten; zum Kürnbach-Haus, das am Originalstandort steht, gehört sogar ein Obstgarten mit teilweise über 200 Jahre alten Obstbäumen. Die Kreisberatungsstelle für Obst- und Gartenbau sowie die Gärtner des Landkreises und das Museumspersonal pflegen die Anlagen. Die Ernte besteht aus über 100 Apfelsorten und wird entweder gemostet, oder pas-

Obstbaumblüte im Oberschwäbischen Museumsdorf Kürnbach.

teurisiert und als Saft abgefüllt oder in der museumseigenen Brennerei zu Obstschnaps gebrannt. Darüber hinaus hält die Kreisberatungsstelle regelmäßig Seminare und Vorträge zum Thema Obstbaumpflege und Obstverarbeitung im Museum ab. Der rege Besuch dieser Veranstaltungen spiegelt auch das zunehmende Interesse an diesem Thema wider. Zahlreiche Besucher schließlich zieht die alljährlich im Oktober stattfindende Obstausstellung an, in der rund 300 verschiedene heimische Obstsorten ausgestellt und bei Führungen erläutert werden.

Most – einmal anders!

Most ist nicht nur zum Trinken da, man kann mit ihm auch tolle Rezepte ausprobieren – lassen Sie Ihrer Phantasie doch einfach mal freien Lauf!

Most-Küchla

Zutaten für 4 Personen:

200 g	Mehl
1	Prise Salz
3	Eier
250 ml	Milch
4	Semmeln,
	Backfett
1 l	Most, Zucker
1	Zimtstange

So wird's gemacht:
1. Aus Mehl, Salz, Eiern und Milch einen Pfannkuchenteig rühren und eine halbe Stunde ruhen lassen.
2. Die Semmeln in Scheiben schneiden, in den Teig tauchen und im heißen Fett schwimmend goldgelb ausbacken.
3. Die Küchle herausnehmen, auf einem Küchenkrepp gut abtropfen lassen und mit Zimt und Zucker bestreuen.
4. Den Most (eventuell mit Wasser oder Apfelsaft verdünnt) mit der Zimtstange erhitzen, nach Belieben mit Zucker abschmecken und heiß dazu servieren.

(Rezept aus: Förderverein Kapellenbau Kleinwinnaden e. V. (Hrsg.) „Schwäbisches Allerlei durch Kuche ond Kirch", Bad Schussenried o. J.)

Tipp: Fettgebackenes ist bekömmlicher und kalorienärmer, wenn dem Teig ein Esslöffel Rum hinzugefügt wird, sobald das Fett heiß genug ist und das Küchle im Fett schwimmend bäckt, denn dann nimmt es weniger Fett auf. Wichtig ist natürlich auch, das Fett anschließend gut abtropfen zu lassen.

Mostbraten

Zutaten für 6–8 Personen:

Für den Braten:

2 kg	Schweinehals
2	Lorbeerblätter
4	Gewürznelken
10	Wacholderbeeren
3	Zweige frischen Thymian
6	schwarze Pfefferkörner, zerdrückt
2	mittelgroße Zwiebeln
1	Karotte
1	kleine Sellerieknolle
1	kleine Lauchstange
2 l	guten Most
	Salz, Mehl, weißer Pfeffer, Schweineschmalz
1	Becher Rahm nach Belieben

Für die altschwäbische Panade:

100 g	Paniermehl
2 EL	Zucker
2 Msp.	Gewürznelken

So wird's gemacht:

1. Das Fleisch mit dem gewaschenen, ungeschälten, in große Würfel geschnittenen Wurzelgemüse und den Gewürzen etwa 3 Tage in Most einlegen, dabei mehrmals wenden.
2. Das Fleisch aus der Beize nehmen, gut abtropfen lassen. Mit Salz und weißem Pfeffer würzen. In einen mit Schweineschmalz bestrichenen Bratentopf geben und in den auf 170 °C vorgeheizten Backofen schieben.
3. Nach 20 Minuten das Wurzelgemüse dazugeben. Mehrmals mit Beize übergießen.
4. Nach 1 Stunde 40 Minuten das Fleisch herausnehmen und etwas ausdampfen lassen.
5. Den noch heißen Braten in der Panade wenden. Dabei die Panade gut andrücken und den Braten anschließend auf einem Rost im Ofen in etwa 20 Minuten goldbraun backen. Wird die Panade zu schnell braun, einfach den Braten mit Alufolie abdecken und kurz vor dem Herausnehmen wieder entfernen.
6. Den Mostfond mit Mehl binden, kurz aufkochen lassen und passieren.
7. Nach Belieben mit Rahm verfeinern und abschmecken.

(aus: Landfrauen Bezirk Riedlingen (Hrsg.), „Gutes aus Gottes Garten – Bäuerliche Küche rund um den Bussen", Laupheim o. J.)

Tipp: Dazu passen Spätzle und frische Salate – und natürlich ein Glas Most.

Der süße Schatz aus der Speisekammer

Bis ins 20. Jahrhundert hinein gehörten zu jedem oberschwäbischen Hof ein paar Obstbäume oder gleich eine Streuobstwiese mit Apfel-, Birn-, Kirsch- oder Pflaumenbäumen. Die Früchte waren meist ausschließlich für den eigenen Bedarf bestimmt. Und weil sie besonders im Winter eine wichtige **Vitaminquelle** waren, durften im Herbst nur wenige Früchte direkt und frisch vom Baum gegessen werden.

Holunderlikör hat eine schöne samtige Farbe.

Diejenigen Äpfel, die sich gut lagern ließen, kamen in den Keller und blieben bis zum Frühjahr frisch. Andere wurden konserviert. Die Hausfrau kochte „Gsälz" (Marmelade), Gelee, Kompott und Saft ein und hütete diese Vorräte wie einen Schatz: Die süßen Köstlichkeiten wurden so sparsam verwendet, dass sie das ganze Jahr über als Brotaufstrich oder zum Nachtisch am Sonntag reichten.

Pflaumen und Birnen wurden gedörrt und zu Hutzelbrot verbacken. Bratensoßen mit Backpflaumen oder Dörrobst mit Vanillepudding schmecken auch heute noch wunderbar. Für besondere Anlässe brannte der Bauer Obstler und setzte Likör an.

Kuchen – ein seltener Genuss

Normalerweise kochten die Bauersfrauen in Oberschwaben einfach und sparsam. Die Arbeit auf dem Hof ließ ihnen wenig Zeit zur Entfaltung ihrer Kochkünste. Obstkuchen kam daher eher selten auf den bäuerlichen Tisch.

Für das Sonntagsfrühstück und den Nachmittagskaffee begnügte man sich üblicherweise mit einem Hefezopf und „Gsälz" oder einem Gugelhupf. Das war an Feiertagen oder bei Familienfesten anders: Hier konnte die Köchin zeigen, was in ihr steckte und was der Hof zu bieten hatte. Vor allem im Herbst servierte sie den Gästen dann frischen Zwetschgen- oder Apfelkuchen.

Eine weitere Ausnahme bildete der Backtag. Nachdem alle Brote fertig waren, wurde die Restwärme des Ofens zum Backen von herzhafter Dennete oder süßem Obstkuchen aus Hefeteig genutzt.

Versunkener Apfelkuchen

Zutaten für eine Springform ($\varnothing$ 27 cm):

125 g	Butter
3 EL	Zucker
3	Eier
	etwas Milch
	Zitronensaft
200 g	Mehl
½ Pck.	Backpulver
3–4	Äpfel

So wird's gemacht:
1. Butter, Zucker, Eier, Milch und etwas Zitronensaft schaumig rühren. Das Mehl mit dem Backpulver mischen und unterheben.
2. Den Rührteig in eine Springform füllen.
3. Die Äpfel schälen, vierteln, das Kerngehäuse ausschneiden, die obere Seite mit dem Messer einige Male parallel einschneiden und auf den Teig legen.
4. Den Kuchen etwa 40 Minuten bei 180 °C backen.
5. Vor dem Servieren mit Puderzucker bestreuen.

(Rezept aus: Förderverein Kapellenbau Kleinwinnaden e. V. (Hrsg.): Schwäbisches Allerlei durch Kuche ond Kirch. Bad Schussenried o. J., S.87)

Frau Holle und der Holunder

Die germanische Göttin Holla war den Menschen freundlich gesinnt, heilte Krankheiten und beschützte auch sonst Mensch und Tier. Ihr Lieblingsstrauch passte dazu: Es war der Holunder oder „Hollerbusch" (*Sambucus nigra*).

Seine Heilwirkung war schon seit der Antike und auch während des Mittelalters hoch geschätzt. Beinahe alle Teile sind verwertbar – Blüten, Blätter und Beeren. Den Bauern diente er früher als eine Art Hausapotheke. Kein Wunder, dass die Verehrung des Holunderstrauchs über die Zeiten bestehen blieb. Vor allem in Schwaben, Bayern und dem Elsass war sie noch bis ins 19. Jahrhundert verbreitet.

Übrigens: Auch wenn die Göttin Holla heute nicht mehr verehrt wird – vergessen ist sie noch lange nicht: Als Frau Holle hielt sie Einzug in die Märchenwelt.

Holunderblüte im Bauernhausmuseum Wolfegg.

Bräuche rund um den Holunderstrauch

Den Glauben an die Heilkraft des Holunders zeigte sich in Oberschwaben zum Beispiel an Johanni. Der 24. Juni gilt neben Mariä Himmelfahrt (15. August) als Tag besonderer Heilkräfte – die Frauen sammelten an diesem Tag Heilpflanzen und Teekräuter. Eine dieser Pflanzen war und ist der Holunder, der um diese Jahreszeit in voller Blüte steht. So wurde der Johannistag in manchen Gegenden auch als „Holdertag" bezeichnet und in Oberschwaben wurden an diesem Tag „Holderküchle" gebacken.

Leckereien mit Holunder

Holderküchle
Zutaten für 4–5 Portionen als Nachspeise:

- 10 Holunderblütendolden
- 2 Eier
- 1 Prise Salz
- 125 ml Most
- 150 g Mehl
- 1–2 EL Öl, Fett zum Ausbacken

So wird's gemacht:
1. Die Dolden vorsichtig waschen und auf Küchenpapier abtropfen lassen.
2. Die Eier trennen.
3. Aus Eigelb, Öl, Mehl, Most und einer Prise Salz einen glatten, dickflüssigen Teig anrühren.
4. Das Eiweiß zu steifem Schnee schlagen und unterheben.
5. Die Blütendolden in den Teig tauchen und im Fett goldgelb ausbacken.

Tipp: Man kann die Holderküchle auch mit Zucker und Zimt bestreuen oder Sahne dazu servieren. Der Stängel wird nicht mitgegessen.

Holdermus
Zutaten für 1 Portion:

- 1 Suppenteller Holunderbeeren
- 1 EL Mehl
- 50 g Butter
-    Zucker, Zimt

So wird's gemacht:
1. Die Holunderbeeren waschen und abzupfen.
2. Das Mehl in etwas Butter anrösten.

■ **Alte Weisheiten**
Wer an Johanni eine Holunderblüte brät oder „Holderküchle" bäckt, wird ein Jahr lang kein Fieber bekommen, heißt es in Oberschwaben.
Eine weitere schwäbische Bauernregel sagt: So viele Tage der Holder vor Johannis seine weißen Dolden zeigt, ebenso viele Tage vor Jakobi (25. Juli) kann man mit der Getreideernte beginnen.

Holderküchle sehen nicht nur außergewöhnlich aus, sie schmecken auch außergewöhnlich lecker.

3. Die Beeren dazugeben.

4. Butter, Zucker und Zimt beifügen.

5. Das Mus eine Stunde köcheln lassen – gelegentliches Umrühren nicht vergessen!

Tipp: Solche Muse sind in immer neuen Varianten Grundlage der bäuerlichen Küche – hier eben mit Holunderbeeren als vitaminreicher Zutat. Anstatt Zucker können auch süße Birnen mitgekocht werden

Holunderkuchen

Zutaten für eine Backform (⌀ 26 cm):

Für den Teig:

  220 g Mehl

1 Prise Salz

  125 g Butter

    1 EL Sauerrahm

Für den Belag:

- 5 Tassen Holunderbeeren
- 3 EL Zucker
- 2 Tassen Mandeln, gemahlen
- Zimt, Vanille
- geriebene Schale von ½ unbehandelten Zitrone
- 1 Schuss Rum oder Kirschwasser
- 3 Eier

So wird's gemacht:
1. Aus Mehl, Salz und kalter Butter einen Hackteig (Mürbeteig) herstellen.
2. Den Sauerrahm dazugeben und eine Stunde kalt stellen.
3. Den Teig ausrollen und in eine gefettete Springform geben.
4. Die Holunderbeeren abzupfen und waschen. Mit Zucker bestreuen und ohne Wasser einige Minuten erwärmen.
5. Mandeln, Zimt, Vanille, Zitronenschale und Rum zugeben.
6. Eier trennen, den Eischnee steif schlagen und unterziehen
7. Die Masse über den Teig geben und bei mittlerer Hitze etwa 40 Minuten backen.

Holunderblütensirup
Zutaten:

- 20 Holunderblütendolden
- 100 g Zitronensäure
- 2 l Wasser
- 3 kg Zucker

So wird's gemacht:
1. Die Zitronensäure in etwas heißem Wasser auflösen.
2. Das Wasser abkochen und den Zucker darin auflösen.
3. Zitronen- und Zuckerwasser zusammenschütten und abkühlen lassen. Wenn nötig so lange umrühren, bis sich der Zucker vollständig aufgelöst hat.
4. Die Blütendolden hineingeben.
5. Gut abdecken mit einem Tuch und 1–2 Tage lang gut gekühlt ziehen lassen.
6. Den Sirup durch ein Leintuch abseihen und in sterilisierte Flaschen füllen.

Tipp: Holunderblütensirup ist etwa 3 Monate lang haltbar. Voraussetzung dafür ist aber absolute Reinlichkeit beim Herstellen und Abfüllen. Gelagert werden müssen die Flaschen dunkel und kalt. Der Geschmack der Holunderblüten steckt übrigens im Blütenstaub. Wer also den vollen Geschmack erhalten will, wäscht die Dolden nicht, sondern schüttelt sie nur vorsichtig aus, um etwa Insekten zu entfernen.

Ein königliches Schwein

Die Jahre um 1815 waren Krisenjahre in Deutschland. Die napoleonischen Kriege hatten alles gründlich durcheinandergeschüttelt. Teuerungen waren die Folge. Die Landwirtschaft lag darnieder. Das Jahr 1816 sollte gar als das „Jahr ohne Sommer" in die Annalen eingehen. Katastrophale Missernten waren die Folge. Die Bauern konnten ihre Landsleute kaum noch ernähren. Noch 1823 mussten mehr als 55 000 Schweine aus dem bayerischen „Ausland" eingeführt werden. Das war König Wilhelm I. von Württemberg ein Dorn im Auge. Er wollte teure Importe vermeiden und veranlasste daher eine verbesserte Zucht der Schweinerassen – und die war auch nötig: Vor 200 Jahren waren unsere Hausschweine kaum größer und zahmer als ihre wild im Wald lebenden Verwandten.

König Wilhelm, der „Bauer auf dem Königsthron", ließ aus England, das damals berühmt war für seine Schweinezucht, chinesische Maskenschweine einführen. Damit sollten die mangelhaften einheimischen Schweinerassen veredelt werden. Seine Züchter in Hohenheim hatten Erfolg: Der „Hällische Schlag" zeichnete sich durch außergewöhnliche Gebärfreudigkeit aus – bis zu 15 Ferkel in einem Wurf und das zwei- bis dreimal im Jahr! Dazu kam eine für damalige Verhältnisse außerordentliche Größe und der bald von allen gepriesene gute Geschmack des

Die Hällischen haben der Zeit getrotzt. So können sie auch heute noch in vielen Freilandmuseen beobachtet werden.

Der Bauer auf dem Königsthron

Der württembergische König Wilhelm I. (1781–1864) hat sich nicht nur um die hällischen Schweine verdient gemacht. Der passionierte Züchter, der von 1816 bis 1864 regierte, kaufte edle Araberhengste und gründete das berühmte Marbacher Gestüt. Er rief das landwirtschaftliche Hauptfest in Bad Cannstatt ins Leben (den „Wasen") und gründete einen botanischen Garten, der heute zum Stuttgarter Zoo (der „Wilhelma") gehört. Er erstand von seinem Privatvermögen Höfe und ließ sie als Musterbetriebe führen – einer davon in Hohenheim, der an die Landwirtschaftliche Unterrichts-, Versuchs- und Musteranstalt angegliedert war. Aus ihr entstand später die Universität Hohenheim, an der noch heute junge Menschen Landwirtschaft und Tierzucht studieren.

Fleisches. Außerdem galt die Rasse als gutmütig und wenig krankheitsanfällig.

Charakteristisch für die Hällischen Schweine ist ihr schwarzer Kopf und das schwarze Hinterteil, vermutlich ein Erbe der Maskenschweine. Die Bauern waren begeistert und nannten die Schweine liebevoll „Mohrenköpfle".

Mohrenköpfle – fruchtbar und genügsam

Warum das Hällische Schwein gerade seinen Namen nach der Oberamtsstadt Hall erhielt, wird wohl immer ein Geheimnis bleiben. Das Gebiet um Hall – später Schwäbisch Hall – war zwar landwirtschaftlich von großer Bedeutung für Württemberg, aber andere Regionen standen Hohenlohe in keiner Weise nach – wie Oberschwaben oder die Schwäbische Alb. Vielleicht war das „Mohrenköpfle" in Hohenlohe einfach am weitesten verbreitet. Im dünn besiedelten, aber landwirtschaftlich aktiven Jagstkreis, (etwa den heutigen Kreisen Schwäbisch Hall, Teilen des heutigen Kreises Main-Tauber, Hohenlohe und Ostalb), zählten im 19. Jahrhundert an die 90 Prozent aller Schweine zur hällischen Rasse.

Damals lebten die Schweine noch in ihrem „Familienverband", grasten auf der Weide, begnügten sich mit Essensresten, pflanzten sich fleißig fort und machten wenig Arbeit – ideal für kleinere und mittlere Betriebe. In Württemberg stieg die Schweinepopulation mit dieser erfolgreichen Rasse von etwa 170 000 Schweinen im Jahr 1840 auf fast 600 000 um 1900. Das Hällische Schwein war damals die am weitesten verbreitete Schweinerasse in Württemberg.

Schwein gehabt!

Doch immer wenn die Sache mit dem Hällischen Schwein am besten lief, drohte der Untergang: Gegen Ende des 19. Jahrhunderts wurde im Deutschen Reich aus älteren Landrassen das veredelte Landschwein entwickelt, und dieses rosaweiße Schwein kam – von Norddeutschland aus – immer mehr in Mode. Ab etwa 1910 wurde das neu gezüchtete „Deutsche veredelte Landschwein" als bevorzugte Rasse gehandelt und von den Ämtern gefördert. Bereits 1916 – so schnell konnten sich die Verhältnisse schon damals verändern – war das hällische Schwein „fast ganz verschwunden", konstatiert eine landwirtschaftliche Beschreibung. Das Mohrenköpfle war so gut wie ausgestorben.

Da gründeten sich 1925 zur Abwehr des Untergangs in Künzelsau, Hall und Crailsheim Züchterverbände, die sich zum Ziel setzten, die Rasse des Schwäbisch-Hällischen Schweins weiter zu züchten und wieder zu vermehren. Mit Erfolg: Innerhalb von wenigen Jahren nahm der Bestand deutlich zu und hatte für Württemberg 1929 wieder einen Anteil an der Schweinzucht von 35 Prozent erreicht.

Das „Hällische" blieb trotz anderer Neuzüchtungen das fruchtbarste Schwein aller in Deutschland bekannten Rassen und besaß dazu ausgesprochen gute Muttereigenschaften. Mitte der 1950er Jahre betrug der Marktanteil der hällischen Rasse im damaligen Regierungsbezirk Nordwürttemberg wieder über 90 Prozent und im Altkreis Schwäbisch Hall sogar 99,2 Prozent aller Schweine.

Die „rosigen" Sauen werden modern

Aber erneut setzte ein Wandel ein: Im Wirtschaftswunderland änderten die Verbraucher ihre Essgewohnheiten. Statt nach fetten Schlachtschüsseln und kräftigen Schweinebraten verlangten sie nun zunehmend nach fettarmen Schnitzeln, großen Schinken und zartem Filet. Ein klarer Vorteil für das rosarote Landschwein. Die einheimischen Züchter wagten zwar abenteuerliche Kreuzungsversuche, um die „Mohrenköpfle" doch noch irgendwie „auf Linie zu trimmen".

Auf die Schnelle führten diese Experimente aber zu keinem Erfolg. Die Zucht der hällischen Schweine wurde 1969 auf Anordnung der Zuchtleitung in Stuttgart eingestellt. Ein Jahr später galt das schwäbisch-hällische Schwein als ausgestorben.

Die glorreichen Sieben

Ganz Hohenlohe war „Mohrenköpfle-frei". Ganz Hohenlohe? Nein, einige halsstarrige schwäbische Bauern hatten ihre Mohrenköpfle nicht dem Untergang preisgegeben – ein paar dieser hübschen Schweine überlebten, genau genommen sieben Sauen. Sie erhielten 1984 vor einer Kommission als einzige das Prädikat, reinrassig zu sein. Diese Sieben wurden nun zu Stammmüttern einer neuen Zucht. (Für die männliche Stammlinie musste ein Eber der Angler-Sattelschweine dienen, die seit Blutauffrischungen vor dem Zweiten Weltkrieg mit dem schwäbisch-hällischen Landschwein verwandt sind.)

Zwei Jahre später gründeten Landwirte den neuen Zuchtverband für die alte schwäbisch-hällische Rasse. Die Züchtung der neuen hällischen Rasse florierte, so dass 1988 eine eigene Tochterfirma der Züchtervereinigung, die Bäuerliche Erzeugergemeinschaft Schwäbisch Hall, für die zunehmend erfolgreiche Vermarktung und den Absatz des schmackhaften Fleisches entstand. So hat sich eine alte Schweinerasse, und damit ein wichtiges Genpotenzial, in ein neues Jahrhundert gerettet.

Der Geschmack sichert den Bestand

Dass die Rasse noch einmal untergeht, ist derzeit kaum vorstellbar. Schließlich hat sich das hällische Schweinefleisch inzwischen auf dem Feinschmeckermarkt durchgesetzt – es schmeckt einfach besser als das „wässrige Industriefleisch", wie die Verfechter des hällischen Schweinebratens finden. Kein Wunder: Das Fleisch ist aromatischer, weil es etwas fetter ist. Die Tiere werden in der Regel gut gefüttert und sie sind beweglicher, das heißt sie entwickeln mehr Muskeln.

Die „Mohrenköpfle" leben heute in vielen Museen Baden-Württembergs, ja sogar Deutschlands. Auch im Freilandmuseum ihres Stammlandes, im Hohenloher Freilandmuseum in Wackershofen bei Schwäbisch Hall, fühlen sie sich „sauwohl". Hier hat man sich selbst der Zucht des Nachwuchses verschrieben. In einem modernen Freilaufstall mit angrenzender Weide können die Schweine artgerecht leben – und die Besucher können sie ungestört betrachten.

Es muss nicht immer Filet sein ...

Ein Fleischstück vom Schweinebauch gilt bei vielen wegen seines hohen Fettanteils und der eingebetteten Knorpel fast schon als Abfall. Aber Fett gibt Geschmack. Das wird jedem einleuchten, der einmal ein richtiges Bratenstück aus dem Schweinebauch des schwäbisch-hällischen Schweins verzehrt hat. Ein Rezept von Johanna Bühler aus Wolpertshausen lässt uns das Wasser im Munde zusammenlaufen, insbesondere, wenn wir daran denken, wie knusprig die Schwarte schmeckt.

Hohenloher Schwartenbraten

Zutaten für 6 Personen:

1,5 Kilo Schweinebauch mit Schwarte vom schwäbisch-hällischen
         Schwein
     1 große Zwiebel, grob gewürfelt
  600 g Kartoffeln, roh, geschält und geviertelt
         Salz, Pfeffer, Kümmel

Linke Seite:
Das Fleisch der Schwäbisch-
hällischen Schweine ist etwas
dunkler und geschmacklich
ein ganz besonderes Erlebnis.

So wird's gemacht:

1. In einer Bratkachel 2 Finger hoch heißes Wasser geben, in den auf 220°
   vorgeheizten Backofen schieben und sobald das Wasser kocht, den
   Schweinebauch mit der Schwarte nach unten einlegen.
2. Fünf Minuten in der Röhre lassen, herausnehmen, etwas abkühlen, und
   anschließend die Schwarte kreuzweise einschneiden.
3. Das Fleisch nun kräftig mit Salz, Pfeffer und gestoßenem Kümmel ein-
   reiben, die Zwiebel dazugeben. Zurück in die Bratröhre schieben – diesmal die Schwarte nach oben.
4. Nach etwa ½ Stunde auf 180° herunterschalten. Zwischenzeitlich den
   Schweinebauch immer wieder mit dem sich bildenden Bratenfond übergießen.
5. Nach einer weiteren halben Stunde die geviertelten Kartoffeln dazugeben und 30 bis 40 Minuten mitbraten.
6. Den Schweinebauch danach herausnehmen, in fingerdicke Scheiben
   schneiden, die Kartoffeln dazulegen und die Sauce darüber gießen oder
   separat dazu reichen.

Tipp: Ein einfaches, aber vorzügliches Gericht, zu dem gut ein Gurkensalat
oder grüner Salat passt. Durch das Blanchieren der Schwarte lässt sie sich
leicht einschneiden und wird wunderbar knusprig. Bei diesem Stück
Fleisch kommt die Qualität des schwäbisch-hällischen Schweins hervorragend zur Geltung.

(Rezept aus: Das Beste vom schwäbisch-hällischen Landschwein, Heidelberg 1999.)

Zeit für die schwarze Schwarte

Die schwarz verrußten Rauchküchen der Schwarzwälder Bauernhöfe haben ein Produkt hervorgebracht, das seinesgleichen sucht – den Schwarzwälder Schinken. Früher hingen die Fleischstücke wochenlang unter der verqualmten Küchendecke, und weil der Rauch da nie heißer war als 25 °C, reiften sie ganz langsam heran (siehe Seite 13ff.). Das typische Aroma erhielt der Schinken von dem Tannen- und Fichtenholz, das die Bäuerinnen tagtäglich in ihren Herden verfeuerten.

Damals wie heute

Die Herstellungsbedingungen von damals werden auch heute noch nachempfunden. Dem Schinken wird viel Zeit gelassen: Sorgfältig entbeinen die Schwarzwälder Schinkenspezialisten das Fleisch, schneiden es in drei genau vorgegebene Stücke und reiben es mit Salz und Gewürzen ein, um es zu pökeln. Dann kommt der Schinken zunächst in kühle Reifekammern, danach in den Rauch. Anschließend ruht er noch einmal. Insgesamt dauert der Vorgang mindestens drei Monate. Hinterher ist der Schinken außen schwarz und innen dunkelrot, zart und aromatisch-würzig.

Mehr als fünf Millionen Stück Schinken verlassen den Schwarzwald jährlich und gehen auf die Reise in die Welt, manche sogar bis nach Australien und Malaysia. Und überall künden sie mit ihrem Geruch und ihrem Geschmack von den dunklen Schwarzwälder Rauchküchen, aus denen sie ursprünglich stammen.

Schwarzwälder Schinken ist auch heute noch eine Spezialität aus dem Schwarzwald (Foto: Adler Schinken).

Hauchdünner Genuss

Schwarzwälder Schinken ist ein typisches Gericht für die abendliche Vesper und schmeckt am besten hauchdünn geschnitten. Seinen Geschmack entfaltet er am intensivsten bei 15 °C und auf einem gebutterten, frischen Bauernbrot. Schnittlauch und Salat dazu – es gibt nichts Besseres! Klein geschnitten veredelt der Schinken fast jedes Gericht.

Er schmeckt am intensivsten, wenn man einen Teelöffel voll kurz vor dem Servieren unter das Gericht rührt. Grüne Bohnen etwa, Kartoffelbrei oder Rosenkohl gewinnen durch den würzigen Rauchgeschmack. Auch mit manchen Früchten geht Schinken eine ideale Verbindung ein: Probieren Sie eine dünne Scheibe auf einer Melonenspalte als Vorspeise. „Guten Appetit!" oder – wie man im Schwarzwald sagt – „En Guete!"

Gebratener Ziegenkäse im Schwarzwälder-Schinken-Wickel

Zutaten für 4 Personen:

60 g	milder Ziegen-Frischkäse, am besten von der Rolle
4	Scheiben Schwarzwälder Schinken
2 TL	kandierte Orangenschalen, fein geschnitten
4 TL	Lavendelhonig
	Butter für die Pfanne

So wird's gemacht:

1. Den Käse in vier Scheiben schneiden.
2. Je einen halben Teelöffel kandierte Früchte auf den Käse geben, leicht eindrücken und mit einer Scheibe Schinken umwickeln.
3. Die Pfanne heiß werden lassen, Butter zerlassen, die Käse-Schinken-Päckchen hineinsetzen und eine Minute knusprig anbraten.
4. Je einen Teelöffel Honig rund um jedes Päckchen geben.
5. Die Päckchen im Honig wenden, kurz karamellisieren lassen und auf der anderen Seite noch einmal eine halbe Minute braten.

Tipp: Dieses Gericht schmeckt als herzhafte Vorspeise auf einem Salat mit Honigvinaigrette ebenso wie als Hauptspeise zu einem süßlichen Gemüse wie Kürbis oder Rote Beete. Wer möchte, kann ein paar zerkrümelte Lavendelblüten zu den kandierten Orangen geben und die Wickel mit Lavendelblüten garnieren.

■ **Wussten Sie,**

... dass Menschen wohl schon vor 10 000 Jahren ihr Essen mit Feuer und Rauch haltbar machten?

... dass es der Rauch der heimischen Tannen- und Fichtenhölzer ist, der dem Schwarzwälder Schinken sein typisches Aroma verleiht?

... dass die Würzmischungen streng gehütete Geheimnisse der Schinkenmanufakturen sind, die von Generation zu Generation weitergetragen werden?

... dass der Schwarzwälder Schinken die meistverkaufte regionale Schinkenspezialität Deutschlands ist?

Gefüllte Kartoffeln mit Sauerkraut und Schwarzwälder Schinken
Zutaten für 4 Personen:

8	große Kartoffeln, festkochend
	Salz
15 g	Butter

Für die Fülle:

200 g	Sauerkraut
100 g	Schwarzwälder Schinken
100 ml	Crême fraiche
	Thymianzweige zum Garnieren, Kümmel

So wird's gemacht:

1. Die Kartoffeln als Salzkartoffeln im Ganzen fast gar kochen. Anschließend halbieren und mit dem Löffel vorsichtig eine Höhlung hineinkratzen.
3. Die Butter in einer Auflaufform zerlassen, die Form auspinseln, die Kartoffeln einpinseln und dann nebeneinander in diese Form setzen.
4. Das Kraut kochen und abkühlen lassen.
5. Mit Crême fraiche, den fein gewürfelten Schinkenstückchen und dem Kümmel gut vermengen.
6. Die Masse in die Kartoffeln geben.
7. Die Kartoffeln mit Thymianzweigen garnieren und bei 190 °C etwa 25 Minuten im Ofen backen.

Tipp: Zu diesem Gericht passt auch eine Karamell-Rotwein-Soße. Sie geht ganz einfach: 2 Esslöffel Zucker im Topf braun werden lassen, mit Rotwein und/oder Brühe ablöschen, reduzieren lassen. Wer will, kann die Soße am Schluss noch mit etwas Mondamin andicken und mit Sahne oder kalter Butter verfeinern.

Spargel-Schinken-Soufflé
Zutaten für 4 Personen:

8	Stangen weißer Spargel
4	Scheiben Schwarzwälder Schinken
6	Eier
2 TL	süße Sahne
2	gehäufte TL Speisestärke
	Pfeffer, frisch gemahlen
1	Prise Salz

So wird's gemacht:

1. Den Spargel bissfest garen und in feine Rädchen schneiden. Den Schinken fein würfeln.

2. Soufflé-Förmchen mit Butter einpinseln und bemehlen.
3. Die Eier trennen. Das Eigelb mit der Sahne verrühren. Stärke und gemahlenen Pfeffer unterrühren.
4. Das Eiweiß mit einer Prise Salz schnittfest schlagen.
5. Zwei Esslöffel Eiweiß unter die Eigelbmasse heben.
6. Den Schinken und den Spargel unterheben.
7. Vorsichtig den restlichen Eischnee unterheben (zu langes Rühren lässt die Masse zusammenfallen!).
8. Die Masse vorsichtig in die Förmchen füllen, dabei die Förmchen nicht ganz füllen!
9. Das Soufflé bei 190 °C im vorgeheizten Ofen je nach Größe der Förmchen etwa 20 Minuten goldgelb backen. Währenddessen den Ofen nicht aufmachen! Schnell servieren.

Gefüllte Kartoffeln schmecken als Beilage oder als Hauptgericht!

Tipp: Spargel und Schinken ergeben eine legendäre Kombination. Dieses Gericht ist zusammen mit einem grünen Salat und einem Weißherbst ein wunderbar leichtes Abendessen. Bitte beachten Sie jedoch: Die Gäste sollten immer auf das Soufflé und nicht das Soufflé auf die Gäste warten.

Gefüllte Pfannkuchen

Zutaten für 10–12 Pfannkuchen:
Für den Teig:

250 g	Mehl
1	Prise Salz
4	Eier
250 ml	Milch

Für die Füllung:

10–12	Scheiben Schwarzwälder Schinken, sehr fein geschnitten
100 g	Reibkäse
100 ml	Tomatensugo
	frische Kräuter (Petersilie, Oregano und/oder Basilikum)
	Butter für die Pfanne

So wird's gemacht:

1. Aus Mehl, Salz, Eiern und Milch einen nicht zu dünnen Pfannkuchenteig rühren und eine halbe Stunde ruhen lassen. Wenn der Teig beim Quellen zu fest wird, noch etwas Milch zufügen.
2. Etwas Butter in der Pfanne heiß werden lassen.
3. Einen dünnen Pfannkuchen backen.
4. Nach dem ersten Wenden des Pfannkuchens sofort eine Hälfte mit Tomatensugo, einer Scheibe Schinken, Käse und Kräutern belegen, die andere Hälfte darüber klappen – der Pfannkuchen sieht jetzt aus wie ein Halbmond.
5. Den Pfannkuchen noch kurz backen lassen, wenden, die Pfanne vom Herd nehmen und fünf Minuten ziehen lassen, damit der Käse schmilzt.
6. Mit dem übrigen Zutaten ebenso verfahren. Die fertigen Pfannkuchen im Rohr warm halten, bis die anderen fertig sind.

Tipp: Dazu passt ein gemischter Salat. Wie Pizza kann auch dieses Gericht unendlich oft variiert werden. Versuchen Sie es doch einmal mit Tomatenscheiben, Basilikum und Mozzarella. Oder Crême fraiche, Räucherlachs und Dill. Oder mit allen Resten, die Sie noch im Kühlschrank haben. Guten Appetit!

Die Schnecken der Königin von Saba

Weinbergschnecken – eine schwäbische Spezialität? Heute vermutet man diese Delikatesse eher in Frankreich oder Italien. Das Schneckenessen und vor allem der Handel mit Weinbergschnecken hatte aber auch auf der Schwäbischen Alb eine lange Tradition. Flurnamen wie Schneckenberg, Schneckenrain oder eben Schneckengarten sind Indiz dafür, dass einst Schneckengärten auf der Schwäbischen Alb alltäglich waren. Dort, wo die Äcker karg waren, und das täglich Brot sauer verdient, bot der Handel mit den Kriechtieren eine zusätzliche und willkommene Einnahmequelle.

Schnecken im Garten

Vor allem im 19. Jahrhundert, aber auch noch bis in die 1950er Jahre hinein, wurden auf der Schwäbischen Alb in umzäunten Gärten Weinbergschnecken (*Helix pomatia*) gehalten. Selbst in Mörikes „Stuttgarter Hutzelmännlein" von 1885 findet sich ein Hinweis auf die Schneckengärten. „Mit großen Freuden sah er bald von der Bempflinger Höhe die Alb, als eine wundersame blaue Mauer ausgestreckt. Nicht anders hatte er sich immer die schönen blauen Glasberge gedacht, dahinter wie man ihm als Kind gesagt, der Königin von Sabas Schneckengärten liegen."

Schneckenmast mit Löwenzahn

Die Schneckensaison begann um Jakobi (25. Juli). Dann wurden die gesammelten Weinbergschnecken in die Schneckengärten eingesetzt. In den Schneckengärten wurden die Tiere mit Löwenzahn, Brennnesseln oder Kletten gefüttert. Die Schneckenmast endete, wenn sich die Tiere zur Winterruhe in einen Mooswalm zurückzogen und ihr Haus mit einem Kalkdeckel verschlossen. Jetzt konnten die eingedeckelten Schnecken mit einer hackenförmigen Gabel, dem „Mooshäckle", herausgerecht werden.

Die „Schwäbischen Austern" werden exportiert

Die Schneckenhändler der Schwäbischen Alb produzierten nicht nur für den lokalen Markt, wo Schnecken als Fastenspeise gegessen wurden. Aufgrund ihres besonders feinen Geschmacks wurden die Weinberg-

schnecken der Schwäbischen Alb auch als Delikatesse exportiert. Schneckenhändler übernahmen im Winter den Transport der Tiere. In Fässern mit bis zu 4000 Deckelschnecken fuhren sie nach Ulm, und von dort aus schifften sie über die Donau bis nach Wien. Hier waren die Weinbergschnecken als „Schwäbische Austern" auf den Märkten eine begehrte Ware.

Eine Lobby für die Schnecke

Seit einigen Jahren bemüht sich die Interessengemeinschaft „Albschneck" um die Wiedereinführung der Weinbergschneckenhaltung auf der Schwäbischen Alb. Mittlerweile ist die Albschnecke von der Feinschmeckerorganisation „Slow Food" in die sogenannte „Arche des Geschmacks" aufgenommen worden. Damit soll das regionale Lebensmittel wieder stärker ins Bewusstsein der Verbraucher gelangen.

Weinbergschnecken wurden auf der Alb früher in kleinen Schneckengärten gezüchtet. Heute landen sie zunehmend auf Feinschmeckertellern.

Schneckensüpple

Zutaten für 4 Personen:

- 1 Dutzend Schnecken (aus der Dose)
- ½ Zwiebel
- 20 g Butter
- 10 g Karotten
- 10 g Sellerie
- ⅛ l trockenen Weißwein
- ¼ l Sahne
- ½ l Brühe
- kalte Butterstückchen zum Binden
- Salz, Pfeffer, Petersilie

So wird's gemacht:

1. Die Zwiebel in kleine Würfel schneiden und in Butter andünsten.
2. Das in Würfel geschnittene Gemüse dazugeben und mit Brühe und Wein ablöschen.
3. Die in Viertel geschnittenen Weinbergschnecken, Schneckenfond (aus der Dose) und Sahne unterrühren.
4. Das Ganze 15 Minuten einkochen lassen.
5. Die kalten Butterstückchen zum Binden der Suppe unterrühren, mit Salz und Pfeffer abschmecken und mit gehackter Petersilie servieren.

Tipp: Schmeckt auch lecker, wenn noch eine Stange Lauch zum Gemüse hinzugegeben wird.

Albschneckensalat
Zutaten für 4 Personen:
Für den Salat:

      1 Kopfsalat
       frische Kräuter (Petersilie, junger Löwenzahn, evtl. Bärlauch)
      1 Zwiebel
      1 Apfel
  1 EL Apfel-Basalmico-Essig
       kaltgepresstes Walnuss- oder Traubenkernöl
       Salz, Pfeffer

Für die Schnecken:

    2 Knoblauchzehen
  1 EL Butter
   24 Albschnecken (gekocht und ausgelöst)
  3 EL Sonnenblumenkerne
       etwas Brühe, Salz, Pfeffer

So wird's gemacht:
1. Den Kopfsalat zerteilen, waschen und beiseite stellen.
2. Die Kräuter waschen und grob hacken.
3. Die Zwiebel schälen und in Scheiben schneiden. Den Knoblauch schälen und grob hacken.
4. In einer Pfanne mit Butter den Knoblauch und die Albschnecken anschwitzen. Die Sonnenblumenkerne dazugeben und kurz mitrösten lassen, salzen und pfeffern.
5. Mit etwas Balsamico-Essig und Brühe ablöschen. Die Pfanne vom Herd nehmen und beiseite stellen.
6. Den Kopfsalat mit einer Essig-Öl-Marinade anmachen. Auf einem Teller ein Salatbett anrichten und mit den Apfelspalten dekorieren.
7. Die Albschnecken auf dem Salatbett gefällig verteilen. Etwas Salatmarinade darüber träufeln. Die Zwiebelringe dekorativ darüber legen. Dazu Knoblauchbrot reichen.

(Rezept von Franz Kloker, Küchenmeister, Flair-Hotel Gasthof Hirsch, Hayingen-Indelhausen)

Albschnecken-Linsen-Ragout mit Spätzle
Zutaten für 4 Personen:
Für die Spätzle:

  500 g Albkornspätzlesmehl (oder ⅔ Mehl und ⅓ Weizendunst)

5–6 Eier
1 TL Salz
Zum Kochen der Spätzle:
3 l Wasser
1 TL Salz
Für die Linsen:
200 g Alblinsen
250 ml Rinderbrühe
1 Zwiebel
1 Karotte
1 kleines Stück Knollensellerie
ca. 2 EL Butter
etwas Mehl
etwas Brühe
Salz, Pfeffer, Tomatenmark, Essig
Für die Albschnecken:
32 Albschnecken, vorgekocht und ausgelöst (ohne Haus)
2 Knoblauchzehen
3 EL Butter
1 EL gehackte Petersilie
Salz, Pfeffer

So wird's gemacht:

1. Aus Mehl, Eiern und Salz einen Spätzleteig herstellen und mit einem langen Messer von einem Spätzlebrett ins kochende Salzwasser schaben.
2. Wenn die Spätzle an die Oberfläche steigen, sie mit einem Schaumlöffel aus dem Topf nehmen und kurz in kaltem Wasser abschrecken. In einem Sieb beiseite stellen und abtropfen lassen.
3. Die Alblinsen in Wasser (nicht salzen!) weich kochen, in ein Sieb schütten und abtropfen lassen.
4. Die geschälte Zwiebel in feine Würfel schneiden, den Sellerie und die Karotten putzen und klein würfeln.
5. Die Butter in einem Topf erhitzen, die Zwiebelwürfel darin kurz glasig werden lassen, anschließend die Sellerie- und Karottenwürfel zugeben und alles andünsten. Etwas Tomatenmark mitrösten.
6. Alles mit Mehl bestäuben und nochmals kurz anrösten lassen. Mit Brühe ablöschen und eine Weile köcheln lassen. Das Gemüse sollte noch „Biss" haben.
7. Die Linsen in die Soße geben und nach Geschmack mit Salz und Essig abschmecken.
8. Die Albschnecken in heißer Butter mit gehacktem Knoblauch ansautieren (kurz anbraten), dabei sollte die Butter richtig aufschäumen!

Vorsicht! Die Butter verbrennt bei längerem Erhitzen.

9. Mit Salz, Pfeffer und frisch gehackter Petersilie abschmecken.

10. In einer zweiten Pfanne gleichzeitig die Spätzle mit etwas Butter anschwenken und etwas Farbe geben lassen. In einem angewärmten, tiefen Teller anrichten.

11. Das Linsen-Gemüse-Ragout über den Spätzle verteilen und die angebratenen Albschnecken darauf legen. Mit Petersiliensträußchen und etwas Pfeffer aus der Mühle garnieren.

(Rezept von Franz Kloker, Küchenmeister, Flair-Hotel Gasthof Hirsch, Hayingen-Indelhausen)

Tipp: Weizendunst ist ein Weizenmehl, das in der Körnung zwischen Mehl und Grieß liegt. Es macht den Teig kräftiger und er nimmt Wasser besser auf.

Albschnecken-Linsen-Ragout mit schwäbischen Spätzle: In diesem Gericht sind gleich drei der traditionell schwäbischen Nahrungsmittel enthalten.

Mit allem drum und dran

■ Innereien kommen in der gesamten europäischen Küche und auch darüber hinaus vor.
So gehört in der Türkei die Kuttelsuppe zu den Nationalgerichten; auch in unserem Nachbarland Polen sind Kutteln – polnisch „flaki" – eine gern gegessene Spezialität.

Von der Fleischknappheit früherer Zeiten war hier oft die Rede. Darum erstaunt es nicht, dass es früher allgemein üblich war, die geschlachteten Tiere fast vollständig zu verwerten. Im Mittelalter gab es sogar einen eigenen Berufsstand, der mit der Zubereitung der Innereien betraut war: der Flecksieder, auch Kuttler oder Kaldaunenkocher genannt. Erst nachdem im Laufe des 19. Jahrhunderts Fleisch allmählich erschwinglicher wurde, zählten Innereien wie Kutteln (der Vormagen der Wiederkäuer) als Armeleuteessen. In armen Gegenden oder auch dort, wo die Bevölkerung sich fast ausschließlich von der Landwirtschaft ernährte, hielten sich die Kutteln länger auf dem Speiseplan.

Kutteln für die Narren

Die schwäbisch-alemannische Fastnacht („Fasnet") hat ihre eigenen Gerichte entwickelt. Für manchen schwäbischen Narren sind „Saure Kutteln" vor allem am Aschermittwoch ein traditionelles Muss.

Die Kuttelprüfung

Selbst in Schwaben waren die Kutteln aus der Mode gekommen. Erst in letzter Zeit galten sie wieder als Delikatesse. Kutteln müssen aufwändig gewaschen, gekocht und geschnitten werden – den größten Teil dieser langwierigen Zubereitung übernimmt heute der Metzger. Dem Koch obliegt dann nur noch die Wahl der Soße. Sauer oder doch nur eine „normale" Bratensoße? Jeder hat seine Favoriten. Für manch eingefleischten Schwaben gilt es heute noch als Prüfstein, ob jemand als „Zugezogener" anpassungsfähig ist: Isst er nun Kutteln oder nicht?

Saure Kutteln
Zutaten für 4 Personen als Beilage:

5	Zwiebeln
100 g	Butter oder Margarine, etwas Mehl
800 g	Kutteln
½–¼ l	Rotwein

   1 Lorbeerblatt, 1 Nelke
     Pfefferkörner, etwas Brühe
     Essig, Salz, Pfeffer

So wird's gemacht:
1. Die Kutteln kochen und in Streifen schneiden.
2. Die Zwiebeln klein schneiden und im heißen Fett andünsten
3. Die Kutteln dazugeben und anrösten.
4. Mit Mehl bestäuben und mit Rotwein ablöschen.
5. Das Lorbeerblatt, die Nelke und die Pfefferkörner zugeben und etwa 30–45 Minuten in der Soße ziehen lassen (je nachdem, wie weich die Kutteln schon sind).
6. Mit Brühe anfüllen, bis das Gericht goulaschartig ist.
7. Nach Geschmack mit Essig, Salz und Pfeffer abschmecken.

Tipp: Dazu passen Röstkartoffeln und Salat. Aus der Soße lassen sich auch noch andere schwäbische Gerichte zubereiten, beispielsweise saure Kartoffelrädle, saure Bohnen oder saure verlorene Eier.

Geröstete Kutteln

Zutaten:
 500 g Kutteln
     1 kleine Zwiebel, Butter zum Andünsten
       Salz, Pfeffer, 2 Eier

So wird's gemacht:
1. Die Kutteln kochen und in Streifen schneiden.
2. Die Zwiebel klein hacken, in reichlich Butter andünsten, die Kutteln dazugeben und 20 Minuten unter ständigem Rühren rösten.
3. Mit Salz und Pfeffer würzen.
4. Die Eier darüber schlagen und kurz aufstocken lassen.

Käseküchen und Käsegeheimnisse

Zu Beginn des 19. Jahrhunderts entstanden im Allgäu die ersten bäuerlichen Hauskäsereien. Die Bäuerinnen kästen meist in den Küchen, die traditionell im hinteren Teil des breiten Hausflurs untergebracht waren. In diesen „Käsküchen" wurden runde Käselaibe hergestellt, die allerdings von sehr unterschiedlicher Qualität waren.

Der Übergang von der bäuerlichen Hauskäserei zur Käsereiwirtschaft vollzog sich langsam: In den 1830er-Jahren stellten eingewanderte Schweizer Senner erstmals „Käse nach Emmentaler Art" aus Allgäuer Milch her. Obwohl die Käser ihr Geheimnis anfänglich eifrig hüteten, verbreitete sich die Rundkäserei in den folgenden Jahren rasch.

Etwa zur selben Zeit gelang Karl Hirnbein (1807–1871), Sohn eines Käsehändlers aus dem bayerischen Allgäu, nach einigen misslungenen Anläufen, die Herstellung von Backsteinkäse in der Qualität des Limburger Käses.

„A Goiß ond a Kuah deckat jede Armut zua"

Im Allgäu waren Dickmilch, Butter und natürlich Käse seit jeher Bestandteil der bäuerlichen Küche. Selbst arme Leute hielten sich – wenn irgend möglich – eine Kuh oder Ziege („Goiß", wie der Schwabe sagt), die den Haushalt mit Milch versorgte. Buttern und Käsen gehörten wie das Melken ursprünglich zu den Aufgaben der Bäuerinnen und Mägde und waren damit lange Zeit reine Frauensache.

Käseland Allgäu

Um 1850 waren im Allgäu der traditionell betriebene Flachsanbau und die Leinenweberei durch die billige Baumwolle immer unrentabler geworden. Die in ihrer Existenz bedrohten Bauern sahen quasi im Weichkäse und im Allgäuer Emmentaler den Retter in der Not. Sie gründeten eigene kleine Dorfkäsereien oder lieferten ihre Milch an die großen „Käsefabrikanten". Bis zur Wende ins 20. Jahrhundert verlegten sich immer mehr Bauern auf die Milchwirtschaft als neue Haupteinnahmequelle: Das Käseland Allgäu war geboren.

Saurer Käs
Zutaten für 4 Personen als Vesper:

  2 Stück Romadur
  1 Zwiebel
     Essig, Öl
     Salz
     Pfeffer
     Schnittlauch

Ähnlich wie hier im Bauern-hausmuseum in Wolfegg waren früher viele Käsereien ausgestattet.

So wird's gemacht:
1. Die Zwiebel in kleine Ringe schneiden.
2. Aus Essig, Öl, Salz und Pfeffer eine Marinade herstellen und die Zwie-beln darin ziehen lassen.
3. Den Käse putzen, in Scheiben schneiden und auf den Tellern anrichten.
4. Die marinierten Zwiebeln darüber geben.
5. Schnittlauch klein schneiden und darüber streuen.

Tipp: Man kann die Marinade natürlich nach Belieben verfeinern, beispielsweise mit Sahne oder Senf. Dazu schmecken Radieschen, Essiggurken und Schwarzbrot.

Allgäuer Käsesuppe

Zutaten für 4 Personen:

1 l	Fleisch- oder Gemüsebrühe
4–5 EL	Mehl
etwas	Butter, weich
1	Zwiebel
1	Lorbeerblatt
3–4	Wacholderbeeren
200 g	Bergkäse und/oder Emmentaler, gerieben
100 ml	Sahne
	Petersilie, gehackt
	Weißbrotwürfel, geröstet

So wird's gemacht:

1. Das Mehl mit dem Schneebesen in genügend weicher Butter so lange verrühren, bis eine glatte Masse entstanden ist.
2. Die Zwiebel hacken, in etwas Butter andünsten und mit der Brühe ablöschen.
3. Das Lorbeerblatt und die Wacholderbeeren zugeben und 5 Minuten mitkochen lassen, anschließend wieder herausnehmen.
4. Soviel Mehlbutter in die Brühe geben, bis die gewünschte Sämigkeit erreicht ist (lieber etwas dünnflüssiger lassen, da der Käse auch noch dickt).
5. Den geriebenen Käse in die köchelnde Suppe geben und gut verrühren, bis der Käse geschmolzen ist.
6. Die Sahne unterrühren.
7. Vor dem Servieren mit Petersilie und Weißbrot garnieren.

Bauernhochzeit:
Essen von früh bis spät

Eine ländliche Hochzeit in Oberschwaben begann schon früh am Morgen. Bräutigam und Brautführer zogen zum elterlichen Haus der Braut und holten sie ab, begleitet von Gesang und manchmal auch von Gewehrschüssen. Im künftigen Heim des Brautpaares reichte man den nächsten Verwandten, Nachbarn, „Gesellen" und „Gespielen" die „Morgensuppe", die meist aus Nudel- oder Weinsuppe mit Fleisch bestand, dazu Bier und Wein, sowie manchmal auch „Küchle". Daraufhin begab sich der Hochzeitszug zur Trauung in die Kirche. Beim Auszug aus der Kirche ging das Brautpaar voran und warf den wartenden Kindern Gebäck und Süßigkeiten zu.

Im Wirtshaus, früher oft auch in Scheuertennen, begann dann das Fest mit den „Ehrentänzen"; dabei hatte der Brautführer das Vorrecht, mit der Braut die ersten drei Tänze zu tanzen, wobei ihm kein Fehler unterlaufen durfte! Um den Durst zu löschen, wurde Wein oder Bier gereicht.

Schwäbische Hochzeitssuppe – alles muss rein

Am Hochzeitsmahl nahmen in der Regel nur das Brautpaar, der Brautführer und die Brautjungfern, die nächste Verwandtschaft sowie die Paten teil – manchmal wurde auch der Pfarrer eingeladen. Die Reichhaltigkeit des Essens zeigte zugleich den Wohlstand der Brautfamilien – vier bis acht Gänge waren daher im reichen Oberland keine Seltenheit! Serviert wurden beispielsweise: Hochzeitssuppe (mit Fleisch, Knödeln und Nudeln als Einlage), Rindfleisch mit Beilagen (Spätzle oder Kartoffelsalat), Sauerkraut mit Schweinefleisch, Blut-, Grieben- oder Leberwürste, Kalbsbraten mit Salat, Saueres, zum Abschluss in Schmalz ausgebackene „Küchle" und anderes Gebäck.

Nach dem reichhaltigen Mittagsmahl folgte ein Spaziergang des Brautpaares. Die Frauen gingen derweil auf „B'schau" der Aussteuer und die Männer „visitierten" den Hof. Im Laufe des Nachmittags erschienen die weiteren Gäste, die ihre Geschenke abgaben und dafür mit Kaffee und Gebäck, zu späterer Stunde mit einem Vesper bewirtet wurden. Mit allerlei Schabernack, Reden und Tanz ging der Tag zu Ende und das Brautpaar wurde mit Musik nach Hause geleitet.

- Diese Suppe wird im oberschwäbischen Raum gern als erster Gang beim Hochzeitsessen gereicht. Die Knödeleinlage kann von Dorf zu Dorf variieren. In der Gegend um den Bussen sind mindestens vier verschiedene Knödelarten in einer kräftigen Rindfleischbrühe die Regel.

Schwäbische Hochzeitssuppe

Zutaten für 4 Personen:

1 l Fleischbrühe

Für die gebackenen Grießknödel:

⅛ l Milch
1 TL Butter, eine Prise Salz
50 g Grieß
1 Ei

So wird's gemacht:

1. Milch, Butter und Salz aufkochen, den Grieß einstreuen, zum Kloß abrühren, zum Schluss das Ei einarbeiten.
2. Aus dieser Masse Knödel abstechen und im schwimmenden Fett hellbraun ausbacken.

Für die gebackenen Erbsen:

150 g Mehl
50 ml Milch
2 Eier
1 haselnussgroßes Stück Hefe, eine Prise Salz

So wird's gemacht:

1. Aus allen Zutaten einen dickflüssigen Teig herstellen.
2. Durch ein Sieb mit etwa 8–10 mm großen Löchern direkt in schwimmendes Fett streichen. Ein glatter Spätzlehobel funktioniert ebenso. Vorsicht Spritzgefahr!

Für die Brätknödel:

250 g Brät
1 Eigelb
Pfeffer, Muskat, Salz

So wird's gemacht:

1. Alle Zutaten zu einem Teig vermengen.
2. Aus dieser Masse mit einem Esslöffel Knödel abstechen, und direkt in die leicht kochende Brühe geben.
3. Die Knödel 10 Minuten ziehen lassen, herausnehmen.

Für die Leberknödel:

1 kleine Semmel
etwas warmes Wasser oder Milch
250 g Leber, gehackt

20 g	Butter, flüssig
1 EL	Petersilie, fein gewiegt
1	Ei
	Salz, Pfeffer, Muskat

Die Hochzeitssuppe war früher meist der erste Gang beim reichhaltigen Hoch-zeitsmahl wohlhabender Bauernfamilien. Heutzutage kann man sie natürlich auch an anderen Festtagen essen ...

So wird's gemacht:

1. Die Semmel in warmem Wasser oder Milch einweichen.
2. Alle Zutaten gut vermengen; sollte der Teig zu flüssig sein, kann er mit Mutschelmehl (Paniermehl) angedickt werden.
3. Den Teig 30 Minuten quellen lassen.
4. Knödel abstechen und wie die Brätknödel in leicht kochende Brühe geben, 10 Minuten schwach köcheln lassen.
5. Die Brühe mit geriebenem Muskatnuss würzen.
6. Alle Einlagen (Grießknödel, Erbsen, Brätknödel und Leberknödel) dazu-geben und mit Schnittlauch bestreut servieren.

(aus: Landfrauen-Bezirk Riedlingen (Hrsg.): Gutes aus Gottes Garten – Bäuerliche Küche rund um den Bussen. Riedlingen o. J., S. 225)

Blooz – Pizza aus Hohenlohe

„Blooz" heißt der Kuchen in Hohenlohe und in Franken; gemeint ist ein flacher, runder Kuchen aus Hefeteig oder Brotteig, den man „süß" mit Äpfeln, Zwetschgen, Rahm oder „salzig" mit Zwiebeln, Käse, Speck oder Kartoffeln belegen kann. Viele Möglichkeiten und Varianten sind möglich – nur nicht die mit Tomaten und Käse, denn dann wird aus dem Blooz eine Pizza. Den früher im Holzbackofen, heute auch im Elektroherd gebackenen Blooz sollte man als salzigen Kuchen gleich warm essen. Süß schmeckt er auch ausgekühlt zum Nachmittagskaffee. Am besten mundet der Blooz frisch gebacken aus einem der Holzbacköfen im Hohenloher Freilandmuseum.

Klumpenblooz

Zutaten für ein großes, rundes oder quadratisches Blech:

Für den Belag:

1½ l	Milch
½ l	Sauermilch
1	Ei
1 EL	Gries
½ Tasse	süßer Rahm
2	Eier, getrennt
3 EL	Zucker, Zimt

Für den süßen Hefeteig:

250 g	Mehl
10 g	Hefe
¼ ml	Milch
50 g	Fett
40 g	Zucker
1	Ei
1 Prise	Salz

So wird's gemacht:

1. Für den Belag am Vortag frische Milch zum Kochen bringen.
2. Die Sauermilch mit dem Ei und dem Gries vermischen.
3. Das Gemisch in die vom Herd genommene heiße Milch gießen, ohne umzurühren. Etwa 2 Stunden stehen lassen, bis sich Klumpen abge-

Süß oder salzig, kalt oder warm – die flachen Blooze schmecken am besten aus dem Holzbackofen!

setzt haben. Die entstehende Masse durch ein Sieb drücken und über Nacht abtropfen lassen.

4. Am nächsten Tag den süßen Rahm mit Eigelb und Zucker verrühren und unter den Klumpen geben. Den geschlagenen Eischnee unterheben.

5. Für den Teig das Mehl in eine Schüssel geben, in einer Vertiefung in der Mitte die mit der Hefe verrührte Milch einlaufen lassen.

6. Einen weichen, glatten Teig kneten, der sich von den Fingern lösen muss. Mit einem Tuch bedeckt etwa 15 Minuten in der Wärme gehen lassen.

7. Anschließend Fett, Zucker, Ei und Salz hinzugeben.

8. Weiter kneten, bis der Teig Blasen wirft und sich von Hand und Schüssel löst.

9. Den Teig noch einmal gehen lassen, bis er etwa die doppelte Größe angenommen hat.

10. Den Teig auf einer bemehlten Unterlage ausrollen, bis er die Größe des Backbleches einschließlich des gewünschten Randes hat.

11. Das Rahmgemisch auf dem dünn ausgewellten Hefeteig verstreichen und mit Zucker und Zimt bestreuen.

12. Den Blooz etwa 40–50 Minuten lang bei 180–200 °C backen.

Tipp: Probieren Sie einfach einmal verschiedene Beläge aus! Der Klassiker ist der Zwiebel- und Speckblooz, wobei die Zwiebeln angedünstet werden sollten. Kümmel eignet sich dafür besonders gut als Gewürz. Ohne Rahm gilt der Blooz als karg, lieber gegessen wird er mit einer Mischung aus Rahm, Mehl und Eiern.

Springerle – Lieblingskeks der Volkskundler

Springerle wurden vermutlich in mittelalterlichen Klöstern zum ersten Mal gebacken, und zwar, wie der Name vermuten lässt, im süddeutsch-alemannischen Raum. Die Wortbedeutung geht wohl auf das Aufspringen (Aufgehen) beim Backen zurück. Springerle sind ein Anisgebäck und gehören heute zum Kanon weihnachtlicher Genüsse. Aber auch an Ostern werden sie da und dort noch gebacken. Früher waren sie ein Gebäck für vielerlei Festtage und – teilweise schön bemalt – ein Mitbringsel.

Ihre volkskundliche Bedeutung bekommen die Springerle durch ihre Motive, die mit speziellen Formen oben auf das Gebäck gedrückt wurden. Anfangs bestanden diese Model (Betonung auf der ersten Silbe) aus Ton, später dann – schon zur Barockzeit – auch aus Holz. Die Motive erzählen viel über ihre jeweilige Entstehungszeit und über die Wünsche und Vorstellungen der Gesellschaft. Im Lauf der Jahrhunderte reichte die Palette von biblischen Motiven (vor allem im Mittelalter), Adels- und Stadtwappen bis zu weltlichen Bildern. Vom 17. bis 19. Jahrhundert waren die Themen Liebe, Glück und Fruchtbarkeit beliebt. Modisch gekleidete Damen mit barockem Kopfputz, Liebeskutschen oder Schäferszenen gab es, später dann biedermeierliche Glückssymbole.

Neben den genannten Motiven gibt es auch Darstellungen von Stadtansichten, Handwerken und bäuerlichen Tätigkeiten. Manche Model sind sehr alt und werden innerhalb der Familie von Generation zu Generation weitergegeben.

Springerle werden mit Modeln aus Ton oder Holz gemacht.

Das Reinheitsgebot für Springerle

Es gibt Springerlerezepte wie Sand am Meer – und alle ähneln sich. Dennoch werden die Varianten heiß diskutiert: Ob zum Beispiel der Anis, der den Geschmack der Plätzchen bestimmt, nur auf das Blech oder gleich in den Teig kommt. Ob ein Triebmittel verwendet werden darf oder ob allein der Treibkraft der Eier vertraut werden kann. Ob das Model bemehlt werden muss oder ob Stärkemehl das Mittel der Wahl ist. Um zu dieser Diskussion beizutragen, veröffentlichen wir hier – im Wortlaut – ein Springerlerezept aus einem im Privatbesitz befindlichen Rezeptbuch der Großherzogin-Luise-Haushaltungs-Schule in Baden-Baden, handschriftlich aufgezeichnet von März bis Juni 1898 von Flora Kaufmann aus Freiburg im Breisgau:

Springerle

„Zucker und Mehl müssen in der Wärme über Nacht stehen und vollständig austrocknen. 500 gr. Zucker werden mit 4 Eiern, 1 Messerspitze voll Hirschhornsalz & etwas Citronensaft gerührt, nach und nach giebt man knapp 500 gr. Mehl hinein & verarbeitet den Teig auf dem Backbrett, dann wird ein Stück ausgewellt, das Bildermodell mit in Mull gebundenem Mehl bestreut, der Teig drauf gedrückt, umgekehrt und das Springerchen zerschnitten, auf ein mit Butter bestreutes & mit Anis bestreutes Blech gesetzt, über Nacht stehen gelassen und in einem Ofen gebacken, oben müssen sie weiß bleiben."

Grundrezept Springerle
Zutaten:
-   2 Eier
- 250 g Zucker
- 250 g Mehl
-   1 TL Anis

So wird's gemacht:
1. Die Eier mit dem Zucker zu einer luftigen Creme schlagen.
2. Den Anis hinzufügen und mit dem Mehl zu einem Teig verarbeiten, eine halbe Stunde ruhen lassen.
3. Den Teig ½ cm dick ausrollen. Die Model aufdrücken und ausstechen.
4. Die Springerle mit dem Motiv nach oben auf ein bestrichenes Blech legen.
5. Je nach Größe der Ausschnitte die Springerle einen halben bis einen Tag in einem warmen, zugfreien Raum antrocknen lassen.
6. Bei mittlerer Hitze weißgelb backen.
7. Vor dem Verzehr etwa 2–3 Wochen kühl liegen lassen (nicht in Blechbüchse, da sie sonst weich werden!).

Tipp: Wie viele Springerle aus diesem Teig gebacken werden können, liegt an der Größe der Model. Damit sie lockerer werden, empfehlen „modernere" Rezepte als Triebmittel 2 g Hirschhornsalz.
Man kann auch ohne Eier auskommen und stattdessen ⅛ Liter Wasser verwenden.

Schwarzwälder Süßspeisen

Bei Schwarzwälder Süßspeisen denkt alle Welt – es sei ihr verziehen – natürlich zuerst an die Schwarzwälder Kirschtorte. Und mit einer Gründlichkeit, mit der sich nur Halbwahrheiten halten, hat sich seit einigen Jahren ein Satz eingebürgert, den die Schwarzwälder allmählich nicht mehr hören können: „Aber die kommt ja gar nicht aus dem Schwarzwald!", heißt es da. Die triumphierende Freude, mit der diese Erkenntnis meist hinausposaunt wird, sei jedem zunächst einmal gelassen.

Schwarzwälder Kirsch – Königin der Torten

Joseph Keller, der als Erfinder der braun-weiß-roten Kalorienbombe längst anerkannt ist, war ein 1887 im schwäbischen Riedlingen geborener Konditor. Während seines Militärdienstes zur Vorbereitung auf seine Meisterprüfung freigestellt, kredenzte Keller im Café Agner in Bad Godesberg mit Vorliebe und Erfolg Kreationen mit Kirschen. Mit der Komposition seines erfolgreichsten Werkes im Kopf übernahm der „süße Josef", wie er allseits genannt wurde, 1919 im badischen Radolfzell ein eigenes Café. Im Jahr 1927 brachte er das Rezept der Schwarzwälder Kirschtorte erstmals zu Papier.

Der Rest ist beste deutsche Nachkriegsgeschichte: Ein einfacher Bisquitboden steigt mit Hilfe von Kirschen, Sahne und Schokolade zur weltweit anerkannten Königin der Torten auf. In einem der vielen Interviews, die Joseph Keller aufgrund seines Rufes geben musste, gab sich der brave Mann bescheiden: Er möge zwar die erste Schwarzwälder Kirschtorte kreiert haben, aber im Schwarzwald habe man ähnliche Torten schon früher gebacken. Bei reichen Kirschenernten sei es da gang und gäbe gewesen, das Überangebot an dem wertvollen Obst in allerlei Leckereien zu verarbeiten. Na also! Die Schwarzwälder kommt aus dem Schwarzwald.

Schwarzwälder Kirschtorte
Zutaten für eine Springform ($\varnothing$ 26 cm):
Für den Mürbteigboden:

- 100 g Mehl
- 50 g Butter
- 25 g Zucker

  1 Eigelb
  1 Prise Salz
    geriebene Zitronenschale nach Belieben
Für den Schokobiskuit:
  4 Eigelb
  4 EL heißes Wasser
175 g Zucker
1 Pck. Vanillezucker
 75 g Mehl
 25 g Speisestärke
  4 gehäufte EL Kakao
  1 gestrichener TL Backpulver
100 g Haselnüsse oder Mandeln (gemahlen)
 1 TL Zimt
  1 Prise Nelken
Für die Füllung:
 50 g Johannisbeergelee oder Himbeermarmelade
  1 Glas entsteinte Sauerkirschen
 75 g Speisestärke
 75 g Zucker
    Saft von 1 Zitrone
100 ml Kirschwasser
  1 l Sahne
1 Pck. Vanillezucker
Zum Dekorieren:
 16 Kirschen
 ½ Tafel Bitterschokolade, geraspelt

So wird's gemacht:
1. Am Vortag Mürbteigboden und Schokobiskuit backen.
2. Am nächsten Tag die Kirschen abgießen (12 oder 16 aufheben), den Kirschsaft auffangen und aufkochen lassen. Mit Speisestärke, Zucker und Zitronensaft andicken. Die Kirschen unterheben. Abkühlen lassen.
3. Den Schokobiskuit zweimal waagrecht durchschneiden, so dass es insgesamt 3 Schokobiskuitböden gibt.
4. Die Sahne mit dem Vanillezucker sehr steif schlagen.
5. Die Torte von unten nach oben wie folgt zusammensetzen:
Den Mürbteigboden mit Marmelade bestreichen, die unterste Biskuit-Schicht aufsetzen und mit Kirschwasser tränken. Die Kirschenmasse darauf verteilen, dabei einen Rand von etwa 2 cm frei lassen. Nach Belieben etwas Sahne darauf verteilen. Den mittleren Biskuitboden aufsetzen und gut andrücken. Den Boden ebenfalls mit Kirschwasser trän-

ken. Die Sahne darauf verteilen und vorsichtig andrücken. Den obersten Boden aufsetzen.

6. Die Sahne an der Seite und oben verstreichen, den Rest in einen Spritzbeutel füllen.

7. Die Torte mit Borkenschokolade an der Seite und oben dekorieren und mit Sahnetupfern und Kirschen in 12 beziehungsweise 16 Stücke einteilen.

Tipp: Wer die Torte nicht sofort essen will, kann die Sahne mit Sahnesteif oder 3 Blatt Gelatine steifen. Wer Kinder mit dieser Torte beglücken will, kann das Kirschwasser weglassen und dafür die Böden mit Kirschsaft tränken. Wer möchte, kann sich dann am Tisch das Kirschwasser mit einer kleinen Sprühflasche direkt auf sein Tortenstück sprühen.

Allerlei Festtagsgebäck

Tatsächlich gelten die Schwarzwälder, ohnehin berühmt für Tüfteleien aller Art, auch als Meister in der Zubereitung von Süß- oder Mehlspeisen. Das mag zunächst verwundern, denn das Mittelgebirge mit seinen reichen Waldbeständen und steilen Hanglagen hatte eigentlich nicht das Zeug zum bedeutenden Getreideanbaugebiet. Die verschiedenen Getreidesorten zahlten sich selten in barer Münze aus und reichten den einzelnen Höfen nur im günstigen Fall zur Deckung des eigenen Bedarfes. Trotz dieser unglücklichen Voraussetzungen mauserte sich Getreide neben der Kartoffel zum Rückgrat der bäuerlichen Ernährung. Mit ihrem Reichtum an Formen und Zutaten brauchte und braucht sich die Schwarzwälder Mehlspeise hinter der gerühmten Mehlspeisenküche des übrigen süddeutschen Raumes nicht zu verstecken (siehe Seite 69). Die seit dem Mittelalter bekannten „Strauben", die Urmütter süddeutschen Festtagsgebäcks, haben mit „Strieweli", „Schobeflügel" oder „Scherben" die im Schwarzwald wohl geläufigsten Varianten.

Anhang

Literatur

Adelung, Johann Christoph: Grammatisch-kritisches Wörterbuch der Hochdeutschen Mundart. 5. Bd., B. Ph. Bauer, Wien 1811 (http://mdz.bib-bvb.de/digbib/lexika/adelung).

Alles elektrisch – 100 Jahre AEG Hausgeräte, Nürnberg 1987.

Andritzky, Michael (Hrsg.): Oikos. Von der Feuerstelle zur Mikrowelle. Haushalt und Wohnen im Wandel, Gießen 1992.

Bauernhaus-Museum Wolfegg: Landfrau, so geht's leichter, Wolfegg 1994.

Bertschi, Hannes/ Reckewitz, Marcus: Von Absinth bis Zabaione. Wie Speisen und Getränke zu ihrem Namen kamen und andere kuriose Geschichten. Berlin 2002, s. v. Maultaschen – Herrgotts B'scheißerle, S. 213–215.

Eduard, Lucas und Hugo Winkelmann (Bearb.): Anleitung zum Obstbau, Stuttgart 1950 (26. Aufl.).

Ehrhardt, M./Mathis, A.: Großes Illustriertes Kochbuch. Berlin 1914, S. 5.

Harris, Marvin: Wohlgeschmack und Widerwillen. Die Rätsel der Nahrungstabus, aus d. Amerikanischen v. Ulrich Enderwitz, Original 1985, Stuttgart 1988.

Heinrich, Brigitte: Landfrauen kochen. Stuttgart 2001.

Henneka, Bernd: Eine medizinische Topographie des Hegau im 19. Jahrhundert (= Band 5 der Beiträge zur Singener Geschichte. Hg. v. Stadtarchiv Singen (Hohentwiel)), Singen (Hohentwiel) 1982.

Hirschfelder, Gunter: Europäische Esskultur. Eine Geschichte der Ernährung von der Steinzeit bis heute, Frankfurt a. M. 2001.

Jeggle, Utz: Essen in Südwestdeutschland. Kostproben der Schwäbischen Küche, in: Schweizerisches Archiv für Volkskunde 82 (1986), S. 167–186.

Kallenberg, Dorothea: Was dr Schwob ißt. Über Herkunft und Geschichte seiner Leibspeisen. Stuttgart 1986.

Kiehnle, Hermine: Das Kiehnle-Kochbuch, 1925.

Köstlin, Konrad: Heimat geht durch den Magen. Oder: Das Maultaschensyndrom – Soul-Food in der Moderne, in: Beiträge zur Volkskultur in Baden-Württemberg 4 (1991), S. 147–164.).

Landesbauernverband in Baden-Württemberg e. V. (Hrsg.): Für die Bauern in Baden-Württemberg – 50 Jahre Landesbauernverband, Stuttgart 1997.

Mangold, Gudrun: Hunger ist der beste Koch. Karge Zeiten auf der rauen Alb. Rezepte und Geschichten, Tübingen 2002.

Mangold, Gudrun: Most – Das Buch zu Apfel- und Birnenwein, Tübingen 2003.

Mennell, Stephen: Die Kultivierung des Appetits. Die Geschichte des Essens vom Mittelalter bis heute, a. d. Englischen v. Rainer Savigny, Original 1985, Frankfurt a. M. 1988.

Nahrungskultur. Essen und Trinken im Wandel (= Der Bürger im Staat, 52. Jahrgang, Heft 4, 2002, hg. v. d. Landeszentrale für politische Bildung Baden-Württemberg).

Prost Mahlzeit! Essen und Trinken auf dem Dorf (= Begleitheft zur Ausstellung vom 7. Mai bis 29. Oktober 2006. Freilichtmuseum Neuhausen ob Eck – Kleine Schriften 25, hg. v. Landkreis Tuttlingen), Tuttlingen 2006.

Rezeptsammlung der „Vereinigung fränkischer Grünkernerzeuger Boxberg e. V."

Rösler, Dr. Stefan (NABU Baden-Württemberg): Streuobstbau – Idyll ohne Zukunft?, Vortragsmanuskript vom 12. April 2005.

Ruoß, Siegfried: Schwäbische Küche. Alte und neue Rezepte aus Baden-Württemberg, Suttgart 2002.

Tolksdorf, Ulrich: Nahrungsforschung, in: Brednich, Rolf W. (Hg.), Grundriss der Volkskunde. Einführung in die Forschungsfelder der Europäischen Ethnologie, Berlin 1988, S. 171–184.

Troll, Thaddäus: Deutschland deine Schwaben. Hamburg 1967.

Volkstümliche Überlieferungen in Württemberg, bearb. v. Karl Bohnenberger unter Mitwirkung v. Adolf Eberhardt, Heinrich Höhn u. Rudolf Kapff (= Schwäbische Volkskunde. Neue Folge – 14. Buch. Hg. v. d. Württembergischen Landesstelle f. Volkskunde), 1904ff., photomechanischer Neudruck Stuttgart 1961, ²1963.

Weck: Koche auf Vorrat. Lehr-und Handbuch über die Frischhaltung der Nahrungsmittel im Haushalt. Öflingen 1916, S. 12.

Zöpfe ab, Hosen an. Die Fünfzigerjahre auf dem Land in Baden-Württemberg. Herausgegeben von der Landesstelle für Museumsbetreuung Baden-Württemberg und der Arbeitsgemeinschaft der regionalen ländlichen Freilichtmuseen Baden-Württemberg. Tübingen 2002.

www.biologie.de/biowiki/Streuobstwiese

Die Sieben im Süden

Freilichtmuseum Beuren
In den Herbstwiesen
72660 Beuren
Telefon: +49 (0) 7025/911900
Telefax: +49 (0) 7025/9119010
www. freilichtmuseum-beuren.de

Odenwälder Freilandmuseum Gottersdorf
Weiherstraße 12
74731 Walldürn-Gottersdorf
Telefon: +49 (0) 6286/320
Telefax: +49 (0) 6286/1349
www.freilandmuseum.com

Schwarzwälder Freilichtmuseum Vogtsbauernhof Gutach
77793 Gutach
Telefon: +49 (0) 7831/93560
Telefax: +49 (0) 7831/935629
www.vogtsbauernhof.org

Oberschwäbisches Museumsdorf Kürnbach
Griesweg 30
88427 Bad Schussenried
Telefon: +49 (0) 7351/526790
Telefax: +49 (0) 7351/526799
www.museumsdorf-kuernbach.de

Freilichtmuseum Neuhausen ob Eck
78579 Neuhausen ob Eck
Telefon: +49 (0) 7461/9263205
Telefax: +49 (0) 7461/926993205
www.freilichtmuseum-neuhausen.de

Hohenloher Freilandmuseum Wackershofen
Herdgasse 2
74523 Schwäbisch Hall
Telefon: +49 (0) 791/971010
Telefax: +49 (0) 791/9710140
www.wackershofen.de

Bauernhaus-Museum Wolfegg
Weingartener Str. 11
88364 Wolfegg
Telefon: +49 (0) 7527/95500
Telefax: +49 (0) 7527/955010
www.bauernhausmuseum-wolfegg.de

Veranstaltungstipps

Freilichtmuseum Beuren
Schäfertage
Jährlich am 3. Wochenende im April
Schäfer, Schafrassen, Schafwolle und Schafprodukte
stehen im Mittelpunkt dieses großen Aktionswochen-
endes auf dem 11 Hektar großen Museumsgelände.
Großes „Moschtfescht"
Jährlich am 2. Wochenende im Oktober
Inmitten der Streuobstwiesen des Albvorlandes findet das
zweitägige Mostfest statt. Ein Erlebnis für die Sinne und
die ganze Familie.

Odenwälder Freilandmuseum Gottersdorf
Grünkernfest
Jährlich am 3. Wochenende im Juli
Vorführung traditioneller Grünkernprodukte aus
halbreifen Dinkel auf einer Holzrauchdarre. Angebote von
Grünkernspeisen aller Art.
Kartoffel- und Mostfest
Jährlich am 3. Sonntag im September
Traditionelle Kartoffelernte mit Pferd und Pflug und mit
Traktor und Schleuder. Vielfältige Kartoffelgerichte zur
Auswahl, frisch gekelterter Apfelsaft und Most.

Schwarzwälder Freilichtmuseum Vogtsbauernhof Gutach
Landfrauentage
Jeden 1. Samstag im Monat
Landfrauentage mit Versucherle aus der einfachen
regionalen Küche.
Mosttage
Immer im Herbst
Mosttage mit Handwerksvorführung, Kostproben und
Mitmachmöglichkeit.

Oberschwäbisches Museumsdorf Kürnbach
Herbstmarkt
Jährlich am 2. Sonntag im Oktober
Herbstmarkt mit Eröffnung der großen Obstsorten-
ausstellung im Oberschwäbischen Museumsdorf
Kürnbach.

Freilichtmuseum Neuhausen ob Eck
Mostprobe
Jährlich am 3. Freitag im April
Jury und Publikum verkosten und beurteilen etwa
20 Mostproben. Dazu gibt es Informationen von
Obstbau- und Mostexperten zur Herstellung und
Lagerung von Most und zum vergangenen Obstjahr.
Raue Kost
Jährlich am letzten Sonntag im Oktober

In den Museumsküchen werden die Herde befeuert und die Alltagsgerichte der Albbauern auf traditionelle Weise gekocht: Habermus, Holdermus und „Rietemer Gmootz", Brotsuppe und „Grumbiere", Zichorienkaffee sowie „Straubeze", Apfelmus, „Linsengerstenbrot" und Most.

Hohenloher Freilandmuseum Wackershofen
Backofenfest
Jährlich letzes Wochenende im September
Frische Blooze aus dem Holzbackofen und viele weitere einfache kulinarische Genüsse. Der Krämermarkt lädt zum Bummeln ein und die Handwerker lassen sich über die Schulter schauen.
Käsemarkt
Jährlich im Mai, meist zwei Wochen vor Pfingsten
Rund 30 Käser aus Deutschland und den Nachbarregionen stellen mehr als 200 handwerklich hergestellte Käsesorten vor. Dazu passende Lebensmittelangebote wie außergewöhnliche Speiseöle, Weine der Region oder Kaffeespezialitäten.

Bauernhaus-Museum Wolfegg
Landfrauen kochen
Jeden Sonn- und Feiertag von 11 bis 16 Uhr
Kochen nach alten oberschwäbischen Rezepten in der Museumsküche, für die Besucher gibt's ein Versucherle.
Käsemarkt
Jährlich im Juni:
Großer Käsemarkt mit verschiedenen Käsespezialitäten.
Apfel- und Kartoffeltag
Jährlich am 3. Oktoberwochenende
Mit vielen verschiedenen traditionellen Apfel- und Kartoffelgerichten.

Bezugsquellen

Saft und Obstler
aus 150 alten und sehr wertvollen Apfelsorten der museumseigenen Streuobstwiesen gibt es im Oberschwäbischen Museumsdorf Kürnbach, Obstler aus eigener Brennerei.

Allgäuer Emmentaler & Bergkäse
Kaeserei Leupolz e.G.
Steinbergstraße 1
88239 Wangen
www.kaeserei-leupolz.de

Weichkäsespezialitäten
Käserei Zurwies GmbH
Zurwies 11
88239 Wangen im Allgäu
www.zurwies.de

Milch- und Käseprodukte
Allgäuland-Käsereien GmbH
Ahegg 22
88239 Wangen im Allgäu
www.allgaeuland.de

Dinkelspätzlemehl
August Schuler Mönchmühle
Leonhardstraße 5–6
88212 Ravensburg
www.moenchmuehle.com

Grünkern
Steinemühle
Frank Müller
Doggenbrunnen 31
74736 Hardheim
oder auf dem alljährlichen Grünkernfest des Odenwälder Freilandmuseums.

Habermus
Beeramühle
Reinhold Schätzle
Brühlstr. 7
78592 Egesheim

Musmehl
Getreidemühle
Erwin Luz
Mühlensteige 12
72525 Münsingen-Buttenhausen
www.luzmuehle.de

Alblinsen
gibt es im Freilichtmuseum Beuren und bei zahlreichen weiteren Verkaufsstellen, die unter www.alb-leisa.de zu finden sind.

Bioland-Hof Familie Mammel
Am Hochberg 27
89584 Lauterach

Albschnecken
www.albschneck.de

Rosenküchle-Eisen
gibt es im Hohenloher Freilandmuseum zu kaufen.

Schwarzwälder Schinken
Hans Adler OHG
Am Lindenbuck 3
79848 Bonndorf
www.adler-schinken.de

Fleisch vom Hällischen Schwein
Bäuerliche Erzeugergemeinschaft Schwäbisch Hall
Haller Str. 20
74540 Wolpertshausen
www.besh.de

Internetlinks

Homepage der Sieben im Süden
www.landmuseen.de

Freilichtmuseen
www.vl-freilichtmuseen.de

Homepage des Museumsbundes
www.museumsbund.de

Museen und Ausstellungen in Baden-Württemberg
www.netmuseum.de

Museen und Ausstellungen in Deutschland
www.webmuseen.de

Landesstelle für Museumsbetreuung
www.landesstelle.de

Ministerium für Wissenschaft, Forschung und Kunst
www.mwk.baden-wuerttemberg.de

Ministerium für Ernährung und Ländlichen Raum
www.mlr.baden-wuerttemberg.de

Deutsches Landwirtschaftsmuseum
www.uni-hohenheim.de

Landeszentrale für politische Bildung
www.lpb.bwue.de

Kulturland Baden-Württemberg
www.kulturland-bw.de

Tourismus Baden-Württemberg
www.tourismus-baden-wuerttemberg.de

Schwäbisches Kulturarchiv, Adressen- und Link-verzeichnis von Kulturgruppen
www.schwaben-kultur.de

Textbeiträge der Museen

Abkürzungen

be	=	Freilichtmuseum Beuren
go	=	Odenwälder Freilandmuseum, Gottersdorf
gu	=	Schwarzwälder Freilichtmuseum Vogtsbauernhof, Gutach
kü	=	Oberschwäbisches Museumsdorf Kürnbach
ne	=	Freilichtmuseum Neuhausen ob Eck
wa	=	Hohenloher Freilandmuseum Wackershofen
wo	=	Bauernhausmuseum Wolfegg

Topinambur – flüssig und fest ein Genuss (be)
Kartoffeln – Teufelszeug in aller Munde (go)
Gaisburger Marsch (ne)
Dinkel – gutes Fleisch und rechtes Blut (go)
Grünkern – veredelter Dinkel (go)
Spätzle – Leibgericht der Schwaben (wo)
Mehlspeisen – aus der Not wird eine Tugend (wo)
Ofenschlupfer – Vielfalt aus alten Weckle (wa)
Rosenküchle – Pfannkuchenteig einmal anders (wa)
Maultaschen sind Kult (kü)
Alle Tage Habermus (ne)
Mit Sauerkraut gesund durch den Winter (gu)
Spezialitäten? (ne)
Hauptsache es schmeckt (ne)
Leisagerst und Leisahaber – Linsen brauchen Stützen (be)
Markanter Markstammkohl – für Tier und Mensch (gu)
Was den Durst löscht (Ute Schäfer)
Chriesewasser (gu)
Streuobst (kü)
Der süße Schatz aus der Speisekammer (kü)
Frau Holle und der Holunder (wo)
Ein königliches Schwein (wa)
Zeit für die schwarze Schwarte (gu)
Die Schnecken der Königin von Saba (be)
Mit allem drum und dran (wo)
Käseküchen und Käsegeheimnisse (wo)
Bauernhochzeit: Essen von früh bis spät (kü)
Blooz – Pizza aus Hohenlohe (wa)
Springerle – Lieblingskeks der Volkskundler (go)
Schwarzwälder Süßspeisen (gu)

Autoren der Textbeiträge

Odenwälder Freilandmuseum Gottersdorf:
Thomas Naumann
Hohenloher Freilandmuseum Wackershofen: Albrecht Bedal
Freilichtmuseum Beuren: Steffi Cornelius, Brigitte Haug,
Ulrike Zimmermann
Schwarzwälder Freilichtmuseum Vogtsbauernhof Gutach:
Thomas Hafen, Dr. Jürgen Weisser
Freilichtmuseum Neuhausen ob Eck: Christof Heppeler
Oberschwäbisches Museumsdorf Kürnbach: Judith Seifert
Bauernhaus-Museum Wolfegg: Andrea Eiden, Jan Färber
Sonderteil Getränke: Ute Schäfer

Rezeptverzeichnis

Bildquellen

Stichwortverzeichnis

Bibliografische Information der Deutschen Nationalbibliothek
Die Deutsche Nationalbibliothek verzeichnet diese
Publikation in der Deutschen Nationalbibliografie;
detaillierte bibliografische Daten sind im Internet über
http://dnb.d-nb.de abrufbar.

© 2008 Eugen Ulmer KG
Wollgrasweg 41, 70599 Stuttgart (Hohenheim)
E-Mail: info@ulmer.de
Internet: www.ulmer.de
Redaktionelle Bearbeitung: Ute Schäfer,
Thomas Naumann
Lektorat: Carola Pröbstle, Antje Springorum
Herstellung: Thomas Eisele
Umschlagentwurf: Bettina Bank, Heidelberg
Satz: Typomedia GmbH, Ostfildern
Druck und Bindung: fgb Freiburger Grafische Betriebe
Printed in Germany

ISBN 978-3-8001-5415-9